探城寻宝记

千面魔都
的流光

腔调上海

彭彭 / 文
彭彭　燕十三 / 图

上海科技教育出版社

序 言

每一座城市，都是一个巨大的宝库；

每一次游历，都是一个探宝的历程。

上海 I'M COMING!

SHANGHAI

这一站，我们将探寻一个气质复杂的国际化大都市——上海。

外滩万国建筑群的大气磅礴、东方明珠的高耸伟岸、田子坊的小资情调、豫园的古色古韵、七宝老街的本土特色、南京路上的车水马龙……构成了这座城市的完美和谐。

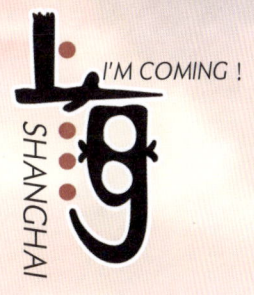

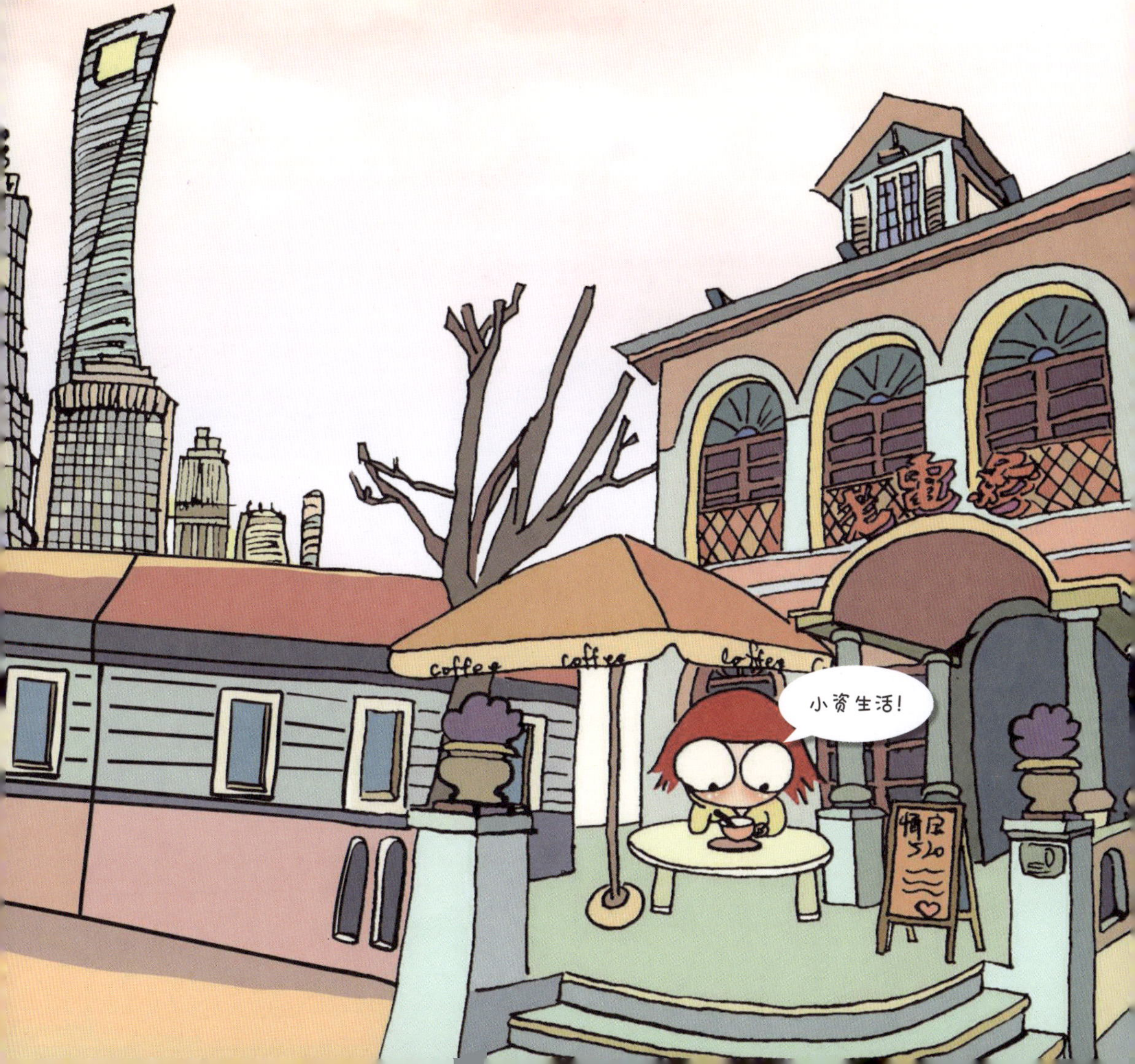

藏宝积星卡

看看你能找到几个宝箱？

❶号宝藏：外滩 ☆☆☆☆　　19

❷号宝藏：南京路 ☆☆☆　　25

❸号宝藏：上海美食 ☆☆☆　　30

★宝箱景点：东方明珠 ☆　　38

★宝箱景点：陆家嘴 ☆　　40

★宝箱景点：福州路 ☆　　41

❹号宝藏：老城厢 ☆☆☆☆　　45

❺号宝藏：苏州河 ☆☆☆☆　　50

❻号宝藏：山阴路 ☆☆☆☆　　56

❼号宝藏：朱家角 ☆☆☆☆　　63

❽号宝藏：陕西路 ☆☆☆☆　　67

★宝箱景点：静安寺 ☆　　75

★宝箱景点：思南路 ☆　　76

★宝箱景点：七宝老街 ☆　　78

★宝箱景点：淮海中路 ☆　　79

★宝箱景点：龙华寺 ☆　　80

百变新上海

❾号宝藏：新天地 ☆☆☆☆　　84

❿号宝藏：上海博物馆 ☆☆☆☆　　89

⓫号宝藏：有趣的博物馆 ☆☆☆☆☆　　96

★宝箱景点：1933老场坊 ☆　　101

★宝箱景点：田子坊 ☆　　102

★宝箱景点：上海世博园 ☆　　105

目 录

探城寻宝，你准备好了吗

8 / 寻宝规则

9 / "藏宝地文化号"快车

12 / 宝藏地图

14 / 时光探测器

17 / 寻宝指南

活力夜上海

19 / 外滩

25 / 南京路

30 / 上海美食

38 / 东方明珠

40 / 陆家嘴

41 / 福州路

怀旧老上海

45 / 老城厢

50 / 苏州河

56 / 山阴路

63 / 朱家角

67 / 陕西路

75 / 静安寺

76 / 思南路

78 / 七宝老街

79 / 淮海中路

80 / 龙华寺

百变新上海

84 / 新天地

89 / 上海博物馆

96 / 有趣的博物馆

101 / 1933 老场坊

102 / 田子坊

105 / 上海世博园

探城寻宝，
你准备好了吗

寻宝规则

让我们出发吧！每个景点都藏有1—5个宝箱，大家一起来寻找吧！

每寻找到一个宝箱，就在藏宝积星卡对应的景点名称后面涂上一颗小星星，累计涂满10颗小星星，就能获得"探城过路人"的称号！累计涂满30颗小星星，就能获得"探城侦查员"的称号！累计涂满50颗小星星，就能获得"探城小奇兵"的称号！

"藏宝地文化号"快车

第一站：活力夜上海

"夜上海，夜上海"，金嗓子歌后周璇的名曲《夜上海》传唱至今，可见夜上海的魅力。夜上海，你就是座不夜城。

俗话说："雨桂林，秋北京，雾重庆，夜上海。"来到上海，若不去看夜景，那真是一大遗憾。华灯初上的上海灯影与霓虹交错，车流与人流并行，宛若一个穿着晚礼服、时尚又雅致的贵妇。黄浦江边有上海最美最独特的夜景。浦西那些或古典或现代的建筑在夜幕下变成一座座水晶般的宫殿，与黄浦江对面的东方明珠和金贸大厦等隔江呼应。看着眼前金碧辉煌的夜景，耳边似乎又回荡起那久远的歌声："夜上海，夜上海，你是个不夜城。"

第二站：怀旧老上海

想要了解一座城市，必须先了解它的历史，而承载着上海历史的当数那些隐匿于繁华都市中的老洋房和那些拥有千年底蕴的上海古镇。建筑风格迥异的老洋房见证了百年大上海的喜乐悲欢，见证了无尽的峥嵘岁月，见证了人们的相聚别离……看着老房子安静地卧在城市的一角，脑海里不由自主地像电影般回放着上海的历史，好似在和旧时光对话……

第三站：百变新上海

100年前，日本作家村松梢风只身来到上海旅居了一段时间后，根据自己的见闻感受写了本有点黑白纪录片性质的小说——《魔都》。那时的上海让人觉得既摩登又魔幻。现在的上海依旧走在时代的前沿。这里四处可以看到最新的科技、最潮的设计、最炫的乐园……这座城市依旧那么令人着魔。

宝藏地图

上海火车站

海宁路

海宁路

汉中路

新闸路

江宁路

上海自然博物馆

上海老灵额！

人民广场

南京西路

上海博物馆

南京西路

张爱玲故居

延安中路

延安东路

黄陂南路

静安寺

延安西路

淮海中路

虹桥机场、朱家角方向

陕西南路

田子坊　新天地

外滩隧道
外白渡桥

陆家嘴
东方明珠

外滩隧道
南京东路

国际会议中心

外滩

浦东机场方向

外滩万国建筑群

豫园

人民路隧道

黄浦江游览

上海老街西口

上海城隍庙
十六铺

复兴东路

河南路

老西门

小南门

浦明路
中山南路

上海

时光探测器

春秋战国时期

春秋时期的上海属吴国；战国时期的上海先属越国，后属楚国。楚考烈王以黄歇为相，封为春申君，上海是他的封邑的一部分，上海的别称"申"就源于此。

秦朝

在秦朝，上海的百姓多以捕鱼为生。聪明的渔民发明了一种竹编的捕鱼工具"戽"。"戽"用竹子或木棍编在一起，围成方形或圆形。涨潮时，潮水会把鱼掀入"戽"内，退潮时渔民就可以到"戽"里面去捡鱼了。上海简称"沪"就源于此，"沪"乃水边人家用"戽"捕鱼之意。

元朝

上海镇从华亭县划出，设立上海县，标志着上海建城之始。

明代中叶

明代中叶，上海已成为全国棉纺织手工业中心。

清朝

19世纪中叶,上海已成为商贾云集的繁华港口。

1843年

鸦片战争后,上海被殖民主义者强迫开辟为通商口岸。

1845—1849年

英国和法国陆续在上海设立租界。

1863年

英美租界合并为公共租界后,上海实际上被划分为华界、公共租界和法租界三部分。1843年以后的100多年里,上海成为外国殖民主义者在中国倾销商品、搜刮原料和钱财的主要口岸,上海因此也有了"冒险家的乐园"之称。

1949年

5月27日,上海全面解放。

1949年到现在

上海迅速发展,成为中国的经济、金融、贸易、航运中心,一座国际化的现代大都市正在形成。

寻宝指南

 上海景点对应的地铁站表

地铁线路	地铁站点	景点
2	世纪公园	・世纪公园
8	中华艺术宫	・中华艺术宫
2 10	南京东路	・外滩 ・南京东路
9	打浦桥	・田子坊
4 10	海伦路	・1933老场坊
1 9 11	徐家汇	・衡山路 ・徐家汇
1 2 8	人民广场	・上海杜莎夫人蜡像馆 ・上海博物馆 ・上海城市规划展示馆
1 10 13	新天地	・黄陂南路
1 10 12	陕西南路	・淮海路
10	豫园	・豫园 ・城隍庙 ・豫园商城 ・上海老街
2	陆家嘴	・金茂大厦 ・环球金融中心 ・海洋水族馆 ・东方明珠
2	上海科技馆	・上海科技馆

活力夜上海

夜上海 SHANGHAI

外滩

　　外滩位于上海黄浦江畔,这一带在清末被划为英租界,许多外国银行、总会、领事馆等都云集于此。外滩素有"东方华尔街"之称,是整个上海近代城市开始的起点。站在外滩滨江步道上,两旁是风格各异、充满欧陆风情的建筑,对岸是象征新上海的浦东陆家嘴摩天大楼。

　　大多数游客都会选择从南京东路走到外滩。南京东路口和外滩的中山东一路口那两幢大楼均是和平饭店。传说即便在战火纷飞的年代,和平饭店里依旧是歌舞升平。

　　和平饭店(宝箱一)建于1929年,原名华懋饭店,由当时富甲一方的英籍犹太人维克多·沙逊建造。沙逊曾加入英国空军,在战斗中受伤致残,成了跷脚。他退役后经商,转战到上海炒作房地产大获成功,几乎独揽了当时上海滩的高层建筑,上海人都叫他"跷脚沙逊"。

　　和平饭店建成以后名噪上海,以豪华著称,有"远东第一楼"的美誉。据说,1929年华懋饭店开张时,沙逊几乎把整个欧洲都给搬了过来:大理石地砖来自意大利、水晶玻璃吊灯是正宗法国货、银质餐具则原产于英国……这里主要接待金融界、商贸界和各国社会名流,如美国的马歇尔将军、司徒雷登校长。在20世纪三四十年代,鲁迅、宋庆龄曾来饭店会见卓别林、萧伯纳等外国友人。

　　和平饭店大厅二楼有个小博物馆,展出了从华懋饭店到和平饭店的历史记载和人文传奇。深厚的历史底蕴和丰富的文化积淀使和平饭店成为众多影视作品的"建筑道具"。

　　和平饭店对面的陈毅广场（宝箱二）是连接南京东路和外滩滨江步道的接口，位于外滩滨江步道居中的位置，每天游人如织。广场为了纪念上海解放后的第一任市长、上海解放之战的总司令陈毅而建。庄严的陈毅塑像伫立于花岗岩底座之上，屹立于外滩江滨，凝视着上海，守望着和平之门。

　　走在外滩滨江步道上，每到整点就会听到空中响起悠扬的乐章。向乐声传来的方向望去，是外滩的标志性建筑——海关大楼（宝箱三）。海关大楼顶上的大钟始建于1927年8月，每天24小时准确报时。从早上7时到晚上10时的整点时分，海关大钟都会奏响《东方红》乐章。

　　夜晚是外滩一天中最浪漫迷人的时段。夜色下的外滩（宝箱四）就像一幅风情万种的肖像画。黄浦江上，一艘艘大小船只在江面上行驶，五颜六色的，像流星划过江面；一栋栋美轮美奂的历史建筑在波光粼粼的倒影中显得格外神秘。对岸的浦东发展迅速，新楼林立，88层楼高的金茂大厦通体晶莹透明，和东方明珠上闪烁的灯光遥相呼应，煞是壮观，与浦西外滩形成鲜明对比，让人感受到上海的勃勃生机。

隐形挖宝工具：建筑风格识别卡

上海素来有海纳百川、包罗万象之名，这一点在建筑上体现得淋漓尽致。除了久负盛名的外滩万国建筑群，上海的许多街道上还有很多风格迥异的老洋房。通过了解外国建筑的风格，能更好地探索上海的建筑文化。下面，我们通过几座名建筑来了解上海的五大建筑风格。

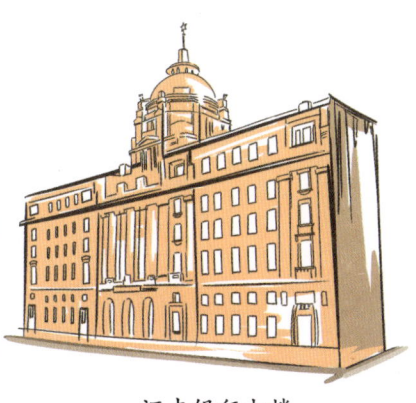

汇丰银行大楼

【古典主义】汇丰银行大楼：它就是外滩建筑群里块头最大、门面最宽的那幢！汇丰银行大楼有三宝：铜狮、石柱和壁画。铜狮就是大楼门口的一对铜狮。大楼里的大厅内一共有28根石柱，其中有4根是用无接缝的天然大理石打造的。这样的大理石柱，世上一共只有6根，4根在这里，还有2根在巴黎卢浮宫。大楼的穹顶上有8幅壁画，描绘的是当时汇丰在世界各地8个城市的分行。

海关大楼

【折中主义】海关大楼：折中主义是指任意模仿历史上的各种风格，或自由组合各种样式而不拘泥于某种特定风格。上海海关大楼结合了欧洲古典主义和文艺复兴时期建筑的特点。大楼门楣由4根巨大的罗马花岗石圆柱支撑，建筑造型属新古典派希腊式。上段歌特式的钟楼有十层楼高，仿美国国会大厦的大钟而造，是世界著名大钟之一。

【哥特式】徐家汇天主教堂：哥特式建筑的特点是尖塔高耸、尖形拱门、大窗户及绘有《圣经》故事的花窗玻璃。在设计中利用尖肋拱顶、飞扶壁、束柱，营造出轻盈的飞天感。又用新的框架结构以增加支撑顶部的力量，顶部向上尖耸，予以整个建筑雄伟的外观和教堂内宽阔的空间，常结合镶着彩色玻璃的长窗，使教堂内产生一种浓厚的宗教气氛。

徐家汇天主教堂

【现代主义】 中国银行大楼：和平饭店隔壁那幢方方正正的大楼就是中国银行大楼。它是那样朴实无华，以至于你有可能会觉得它在外滩完全凸显不出，但它是外滩唯一一幢由中国人自己设计、自己出资建造的建筑。它刚开始设计为34层,但是出于和平饭店的压力,最后完工的时候是17层,因为当时沙逊不希望隔壁的银行大楼比他的和平饭店高。

现代主义建筑主张摆脱传统建筑形式的束缚,大胆创造适用于工业化社会的崭新建筑,具有鲜明的理性主义和激进主义色彩。

中国银行大楼

【巴洛克式】上海邮政总局大楼的塔楼:巴洛克建筑的特点是外形自由、追求动态,喜好使用富丽的雕塑、浮雕、壁画和强烈的色彩,常用穿插的曲面和椭圆形空间。

上海邮政总局大楼

初到上海的人，
　　一定要光顾南京路。

初到上海的人一定要光顾南京路,就像初到北京的人大多会去天安门一样。上海旧称"十里洋场"。何谓"十里洋场"?狭义而论,就是指十里长的南京路;广义而言,则是指以南京路为中心的范围大概十里见方的公共租界。

南京东路步行街是南京路最繁华的一段。彩色的铺路砖石、统一的路心售货亭、两边各类时尚流行商店、熙熙攘攘的人群、可爱的观光小火车,以及设计别致的城市雕塑……街道不算宽,两边大多是四五层高的西式建筑,多为砖石结构,高高的大门,柱子极高极粗,上面刻有波浪一样的花纹,圆顶尖顶交相辉映,气势恢宏。

南京路"十里洋场"的形象骨架实际上是由四大公司支撑起来的。四大公司(宝箱一)是大都市商业进入公司时代的标志。市百一店(原"大新公司")、永安商厦、上海时装公司(原"先施公司")和第一食品商店(原"新新公司")这四大公司交叠着南京路的过去与今天。传统与现代的交织为这条百年老街增添了别样的魅力。在闹中取静的南京路,中国商人在英国租界竖起了四座民族商业史的丰碑,让人不能不对四大公司另眼相看。

南京路上还聚集了一大批百年老字号,许多店铺保留着中国最经典的近代风格,让这条街如同一个穿着旗袍、风韵迷人的上海女人,具有深深的怀旧意味。

南京东路上的沈大成点心店是一家专营点心与风味小吃的 <u>百年中华老字号</u>（宝箱二），创建于光绪元年（1875年）。"沈大成"看上去像是个人名，其实不是，它的创始人叫沈阿金，店铺名取"集大成"的缩略之意。

南京东路上的这家沈大成总店名气很大，常常可以看见人们排着长队。一楼专设外卖窗口，对外供应几十种特色糕团。条头糕是这里的一绝，糯而不烂，豆沙细腻。此外，沈大成在不同时节会供应当令的糕点，如春节有花式松糕、八宝饭，清明节有青团，端午节有粽子，中秋节有鲜肉月饼，重阳节有重阳糕。

沈大成选料新鲜、制作精细、立意创新。2006年，沈大成的八宝饭、松糕、馄饨、烧卖被认定为"点心大王"。近年来还推出了带有浓郁上海风味的醉虾、醉蟹和香糟系列，这些风味菜都深得广大消费者欢迎，已成为沈大成的特色菜之一。

三阳南货店是一家具有百年历史的首批中华老字号企业，以经营全国各地名、特、优土特产食品和自制宁式糕点而名闻遐迩。三阳南货店制作糕点采用前店后场的形式，糕点现做现卖，并根据宁波人的风俗，一年四季制作不同的食品——"春酥""夏糕""秋饼""冬糖"。

南京东路上的 <u>五卅惨案纪念碑</u>（宝箱三）很容易被路过它的人忽视，但它背后的沉重历史却值得我们铭记。1925年5月30日，万余群众聚集在英租界南京路老闸巡捕房门首，高呼"打倒帝国主义"等口号，要求释放100多名因抗议而被捕的学生。英国巡捕竟开枪射击，当场打死13人，重伤数十人，造成震惊中外的五卅惨案。

在南京东路这个惨案的发生地上，立着小小的一块碑，供人缅怀牺牲者，同时思考历史与未来。

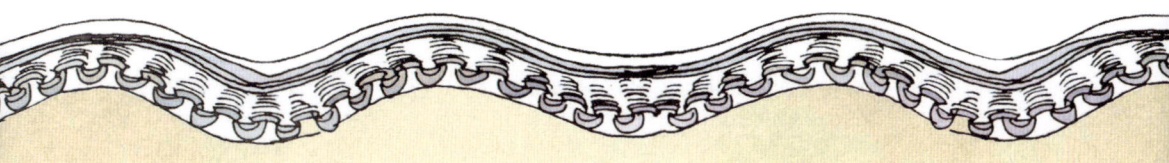

十里洋场的大马路

南京路的前身叫"parklane",直译为"派克弄"。1840年鸦片战争后,英国殖民者将这片区域划为英租界。英租界的跑马会建了一座花园,并沿着花园辟筑了专用的跑马场,这块地方就在今天的南京东路河南路口。为了连接从外滩到跑马场的交通,开辟了一条用碎石覆盖的小路,可以从外滩直通跑马场,年轻的骑手们经常在这里骑马奔驰,于是有了"马路"的叫法。不久,马路两边逐渐开设起了零零星星的洋行,渐渐有了市面,南京路的大体面貌也就慢慢形成了。

上海美食

　　黄河路美食街（宝箱一）是距离外滩和南京路步行街最近的一条美食街，这里有着琳琅满目的上海特色小吃、本帮菜馆、茶餐厅等。一到夜晚，黄河路上霓虹闪烁、人头攒动，是南京路不夜天的扩展和延伸。

　　上海的美食就像一个纷杂的江湖，汇聚了苏、浙、徽等各个地方的风味，上海人称之为苏帮菜、徽帮菜……而对上海本地风味，则称为本帮菜（宝箱二）。本帮菜的特色可用"浓油赤酱"概括，味道咸中带甜，油而不腻，代表菜有红烧肉、八宝鸭、水晶虾仁、上海白斩鸡、松江鲈鱼、八宝辣酱等。

本帮菜的代表菜白斩鸡是上海人饭桌上常见的一道经典菜。鸡在沸水中烫熟后，被迅速置入冷水中激冻，其最大的特点就是鸡肉刚熟不烂。吃白斩鸡的时候一般以葱末和姜末制成调料佐餐，口感上皮爽肉滑，味道清淡鲜美，葱油香味浓郁，令人回味无穷。

白斩鸡

草头圈子也是一道非常著名的本帮菜系佳肴。这道菜的名字很有意思，造型也带有某种趣味。实际上，草头圈子是两道菜的组合，即红烧圈子加上生煸草头。红烧圈子就是红烧猪大肠；草头则是一种野菜，学名叫作苜蓿，非常吃油，因此跟多油的猪大肠一起烧便达到了各方面的平衡。草头圈子酥烂软熟，肥而不腻。

草头圈子

腌笃鲜原是一道徽菜，现在本帮菜、苏帮菜、杭帮菜都将它作为具有代表性的菜。它其实是用笋和咸猪肉、鲜猪肉一起煮的汤。"笃"是用小火焖的意思。腌笃鲜采用的是调和"中庸"的烹饪理念，相同的还有鲜笋炒腊肉、豆瓣鲫鱼、蘑菇炖小鸡等组合。陈鲜对克，新旧交融，食材在互相抵消对方特质的过程中融合出一个新境界。

腌笃鲜

松鼠鱼则代表着杭帮菜在"高手如林"的上海美食江湖,打下了属于自己的地位。松鼠鱼因形似松鼠而得名,通常以黄鱼、鲤鱼、鳜鱼等鱼类为原料,色香味俱全,酸甜适口。

松鼠鱼造型异常美观,颜色酱黄,光滑油亮,皮酥肉嫩,甜酸醇鲜。传说,乾隆皇帝下扬州来到松鹤楼,见神台上放有鲜活的元宝鱼(鲤鱼),执意让随从拿下做好供他食用。但在旧时,神台上的鱼是用来敬神的,因此是绝对不可食用的。厨师灵机一动,决定将鱼做成松鼠形状,以回避宰杀神鱼之罪。乾隆皇帝品尝后赞不绝口,重赏了厨师。后来,厨师们改用鳜鱼制作此菜,故又名松鼠鳜鱼。

松鼠鱼

在上海的美食江湖里,上海小吃(宝箱三)也占据着举足轻重的地位。八宝饭是上海有名的甜点,更是上海年夜饭的必备菜肴之一——象征着"团圆美满、八宝汇聚"的好兆头!甜甜的糯米饭铺上蜜饯红豆沙,再用陈皮、青红丝调味,甜到人心里。

八宝饭

排骨年糕

排骨年糕是上海一种经济实惠、独具风味的汉族小吃。做得好的年糕洁白细腻，排骨肥而不腻，既保留了肉质原有的鲜度，又保持了一定的营养价值。咬一口，特别软特别糯；细细咀嚼，则尽是温柔的口感，一点都不粘牙。排骨外面包裹着面粉炸成金黄色，咬起来又酥脆又香。当糕的软糯遇上排骨的酥脆，一道上海经典小吃就此诞生。

蟹壳黄是一道有着众多粉丝的上海小吃。蟹壳黄有甜和咸两种风味，甜的做成圆形，馅料主要是猪油白糖；咸的为椭圆形，馅料是葱油鲜肉等。蟹壳黄好吃的重点不在馅料多，而在于酥香的面皮和满满的焦黄芝麻，就像一只只蒸熟的蟹壳一样。

蟹壳黄

蟹壳黄还曾出现在作家张爱玲的小说中。在《小团圆》中有一段关于九莉买蟹壳黄的描述："这天晚上在月下去买蟹壳黄，穿着件紧窄的紫花布短旗袍，直柳柳的身子，半卷的长发。烧饼摊上的山东人不免多看了她两眼，摸不清是什么路数。"在作家的描述下，买一份蟹壳黄也能成为一件优雅的事情。

藏在上海美食江湖里的宝藏不计其数，如果你是一个有心的食客，相信能将它们一一找到，个个品鉴。

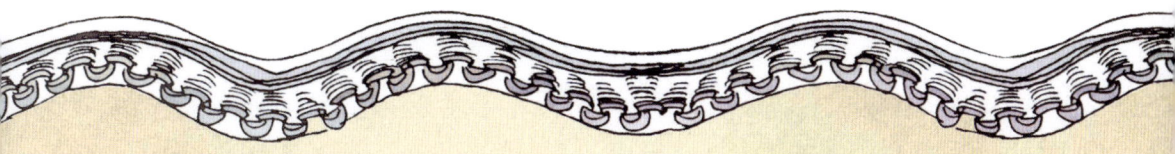

张爱玲

黄河路上的卡尔登公寓曾住过一位大名鼎鼎的女作家——张爱玲。资料显示，这里是张爱玲的曾外公李鸿章的产业。张爱玲在卡尔登公寓完成了电影剧本《不了情》《太太万岁》，小说《十八春》《小艾》等作品。

张爱玲是上海人，她的文章以及性情都极富上海的味道——烟火人世中的细碎之事、市井流言，在她的笔尖下转生为一缕浓郁不泯的烟、一段传奇，于是俗到极致，反倒透出些雅意来。

张爱玲出身名门，但到了她父母一代，家道已然完全败落。她父亲属于遗少，母亲则是一个时髦的新女性。受父亲风雅能文的影响，张爱玲从小就会背唐诗，

父亲给了她一些古典文学的启蒙，鼓励了她的文学爱好。同时，张爱玲也受母亲向往西方文化的影响，生活情趣及艺术品位都是西洋化的。

在张爱玲小时候，她的父亲整天不务正业抽鸦片，还娶了一位姨太太。张爱玲的母亲提出离婚后，便出洋留学，后来嫁给外国人。张爱玲在17岁时因与后母发生口角，被父亲责打，并被拘禁半年。1938年初，张爱玲趁夜逃到母亲家。同年，张爱玲参加伦敦大学远东区入学考试，获得第一名，因战乱持伦敦大学成绩单入读香港大学文科。这时，她母亲经济日益拮据，她对张爱玲的教育方式也以质疑、埋怨、批评为主。

张爱玲从小对母亲的印象就是自私自利、庸俗冷漠，以至于她创作的几位母亲的形象都是冷漠自私的，尤其是《金锁记》中曹七巧母亲的形象，似魔鬼般的变态心理与行为，颠覆了传统文学中以"爱"为核心的慈母形象。

张爱玲读了两年大学，还没有毕业，香港就沦陷了。此后，张爱玲返回上海，因为经济关系，她以唯一的生存工具——写作来渡过难关。《第一炉香》和《第二炉香》是她的成名作，这两部作品的问世向上海文坛宣布了一颗夺目新星的诞生。继之而来的《红玫瑰与白玫瑰》《倾城之恋》《金锁记》等，更奠定了她在中国现代文学之林中的重要地位。

中年的张爱玲先去香港，然后赴美，在美国与大她30岁的赖雅相识结婚。丈夫逝世后，她独自一人在异国生活。晚年的张爱玲非常孤僻，不爱说话，在家里一待就是十几天，常常在公寓里以速冻食品来充饥。75岁时独自在家因病去世，被发现的时候已经过世一个星期。

东方明珠

东方明珠广播电视塔坐落于黄浦江畔浦东陆家嘴的"嘴尖"上,与浦西外滩的万国建筑群隔江相望,是世界著名的旅游景点。

在1990年以前,浦东一幢高楼都没有。那时的上海人都知道一句话:"宁要浦西一张床,不要浦东一间房。"1995年东方明珠广播电视塔建成开放时,周围也没有高楼大厦。468米高的东方明珠就像个巨人一样伫立在浦东。

东方明珠广播电视塔有下、上、顶三个球体结构。下球体直径50米,中心标高93米,共有4层;上球体直径45米,中心标高272.5米,共有9层;顶球体直径16米,中心标高342米,共有4层。

位于一层的上海城市历史发展陈列馆面积很大,用蜡像、照片、实物、声光、电影等各种形式详细介绍了从上海开埠、外滩变迁、最早的有轨电车和无轨电车,到上海沦为租界、十里洋场等历史。

东方明珠广播电视塔95米处还有个室内过山车！这个过山车以飞越上海城际高空为主题，融入时下热门的VR技术，突破传统过山车视觉和感官上的局限，所以玩起来更刺激、更震撼、更有趣味性。

位于259米高的"**悬空观光廊**"（宝箱一）是一条全透明的观光廊。它由24个"扇形"单元组成，可以像莲花的花瓣一样开合。透过脚下的透明玻璃，游客可俯瞰浦江两岸全景，体验在云中漫步的感觉。如果你有点恐高的话，则可以选择站在非玻璃地板上游览，一点也不用担心。

乘每秒7米的高速电梯到位于351米处的太空舱观光层，可以在塔的制高点鸟瞰整个城市的美景。当风和日丽时，举目远望，佘山、崇明岛都隐约可见，令人心旷神怡。

陆家嘴

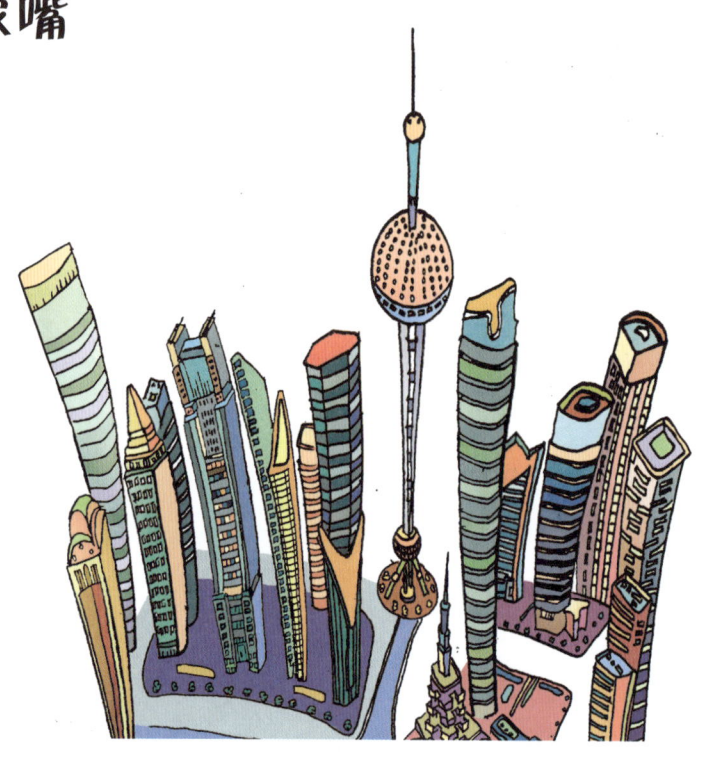

　　陆家嘴与外滩隔江相望，是众多跨国银行的大中华区及东亚总部所在地，也是中国最具影响力的金融中心之一。

　　从陆家嘴看黄浦江对岸的老建筑，和在外滩步行道上看的感觉截然不同。外滩的游客很多，人来人往中，你会有时而穿越时光，时而又回到现实的交错感。但滨江大道（宝箱一）上人很少，背靠身后陆家嘴的现代化高楼大厦，凭栏呼吸一口迎着江风而来的空气，听江面上来往船只的汽笛声，看着那些披红挂绿、彩灯闪烁的游船由远而近缓缓驶来，这一切都与岸上的高楼大厦相映生辉。江对面浦西外滩的万国建筑群披着厚重的历史外套，却在灯光映照下，在江面上显得那般灵动。

　　这一切，恍然如一场梦。

福州路

福州路距离南京路步行街不远,一直被称为"上海文化街"(宝箱一),云集着众多书店。

清朝末年,当南京路上的环球百货和四大公司掀起新一轮商业革命时,曾经的这条石子路正另辟蹊径,酝酿着海派文化。英国传教士麦都思来到上海传教,为了印刷《圣经》,他创办了中国第一家机器印刷所"墨海书馆",并雇佣了一批文人来传播西学。这批既有国学功底,又吸收了西洋文化的文人,在福州路上创办起上海最早的报馆、各类书馆和印刷所。许多推动中国新文化运动的事件都发生在这里,使福州路成为海派文化的源头之一。

怀旧老上海

老城厢

老城厢是开埠前上海人生活最集中的地方，留存了上海 700 多年城市发展的历史痕迹。这里集中体现了清末民初后上海的生活面貌和市井百态，老上海的石库门、里弄房在老城厢放眼皆是。在过去，每天清早弄堂里就开始来回晃动着人们买小菜、生煤炉、倒马桶、洗衣服等忙忙碌碌的身影。夏天傍晚，老城厢里的家家户户都摆上小桌子在户外吃饭，饭后就在天井和弄堂里搭铺板和竹椅乘凉。

迷宫般的老城厢是这座城市的灵魂，也是上海沧桑兴衰的缩影，是这座城市的"根"。它似一幅"清明上河图"，将上海悠长的历史风情和风貌展现在你的面前。

老城厢涵括的文物古迹众多，如名园、名人住宅、会馆、公所等，其中就包括著名的豫园、城隍庙、书隐楼、徐光启故居"九间楼"等一批古迹遗址。

来到城隍庙中心位置的九曲桥，就能找到位于老城厢中间的豫园。豫园是一座丝毫不比苏州园林逊色的私家园林。从喧闹的市井老街进入豫园，世界好像一下子安静下来、清凉下来。

进入**豫园**（宝箱一），首先看到的是仰山堂，这里的"山"指一座假山。这座假山是江南地区现存最古老、最精美、最大的黄石假山，由明代著名叠山家张南阳精心设计堆砌，也是他唯一存世的作品。靠着烹煮过的糯米，加上明矾和石灰黏合，这座假山存在了 400 多年，真是个奇迹。

在假山之后是一座龙墙，然后可以看见三块石头。中间那块称作"**玉玲珑**"（宝箱二）。"玉玲珑"并非玉，而是一块太湖石，其外形由水侵蚀而成。

"玉玲珑"原来是给宋徽宗的贡品，称"花石纲"。也许你曾从《水浒传》

中看到过"花石纲"这个名字。宋徽宗修建皇家园林时，在江南大肆搜掠名石，再用船队押往汴京。这种名石因其艺术意味而被俗称为"花石"。花石集中后用船只装运到汴梁（北宋首都，今天的开封），十艘船为一队，称为一纲，设队长一名称"纲首"，负责运输，便有了"花石纲"的称谓。后来，"花石纲"逐渐从御石船队编组演变为这种特殊名石的专称。

豫园曾经历过摧毁和重建。第一次鸦片战争时，英国军队强占豫园，大肆蹂躏。清咸丰年间的上海小刀会起义失败后，清兵在城内烧杀抢掠，豫园被严重破坏，点春堂、香雪堂、桂花厅、得月楼等建筑都被付之一炬。后来，英法侵略军为了镇压太平天国起义，又把城隍庙和豫园作为驻扎外兵场所，在园中掘石填池，造起西式兵房，园景面目全非。至上海解放前夕，豫园几乎成为一个破败的废园。后来，人们重新将它修缮好，让它继续静卧在中国最繁华最"洋"气的大都市中心，象征着它所代表的中华传统文化在这座城市的驻守。

豫园旁边就是大名鼎鼎的上海城隍庙（宝箱三）了。上海城隍庙方圆不足1千米，却已经热闹了几百年。城隍庙离外滩不远，很难想象，用不了十几分钟就能从"十里洋场"直接"切入"一场来自永乐年间的热闹"庙会"。

漫步在城隍庙，越来越感觉到这个地方的繁华与变迁。繁华是因为来这儿游览的人越来越多，变迁是因为那些传统工艺在这儿已经不多见了。不过，这里的小吃足以让人兴奋。城隍庙内汇集了众多的上海小吃。一路走过去，有年糕团、蟹壳黄、酒酿圆子、臭豆腐干、烘山芋、热白果、沙角菱、梨膏糖……真可称得上是上海的小吃王国了。就像城隍庙有句宣传语说的,"让外国人吃到中国点心,让上海人吃到各地点心。"

小笼包

城隍庙最受欢迎的两样小吃是两种包子——南翔小笼包和 蟹黄汤包(宝箱四)。在豫园旁边有一家卖南翔小笼包的老店,始终都排着长队。许多人会端着一次性饭盒站在旁边,毫无顾忌地大口吃小笼包。南翔小笼包个头虽小,但鲜美多汁,肉馅弹性十足。蘸上带姜丝的醋,咬破一个小口,吮吸完汁水,最后把小笼包一口吃进嘴里!

蟹黄汤包则把江南人最喜欢的蟹和汤包结合在了一起。热气腾腾的蟹黄汤包雪白晶莹、皮薄汤鲜。近乎透明的汤包在蒸笼里连皮带汤摇晃,面皮看上去吹弹即破。看人吃汤包其实也是一件怪有意思的事情,尤其是那些初次尝试的人张嘴就咬,汤汁直射出来,烫得人手足

蟹黄汤包

无措的样子让人忍俊不禁。殊不知,吃汤包有一个口诀:轻轻提,慢慢移,先开窗,后吸汤。按照口诀吃,保准没事。在城隍庙还有家卖大汤包的,直接插了吸管吃,看上去挺萌的。

老城厢就是这样一片最具上海风情,同时也最不像现代上海的老城区。这里保留着那些老宅子,保留着最具有当地情结的市井居民,保留着属于这个城市的味道,保留着那些快要消逝在记忆中的时光。

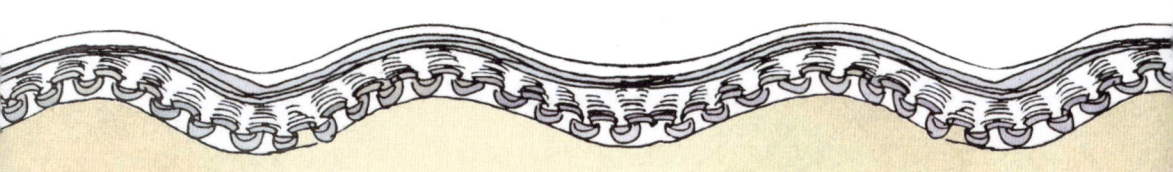

城隍是哪位

城隍是中国传统信仰与道教中的保护神，负责自己片区百姓的生活安康，同时也拿着"小本本"，记录着人的一生做了什么好事、什么坏事，以此作为人到地府受什么待遇，以及未来转世投什么胎的依据。

在古代，几乎每个城市里都有城隍庙。一方面防止妖魔鬼怪入侵，保护百姓；另一方面赏善罚恶，根据每个人的品德给予生死福祸。在封建社会，人们都希望那些当官的能为民做主，体恤他们的疾苦，因此对那些为人民做好事的官员非常敬重，在他们死后便把他们作为城隍供奉，如苏州祀春申君、杭州祀文天祥、上海祀秦裕伯、桂林祀苏缄等。

秦裕伯是元末明初的政治家、文学家、书法家，被明太祖朱元璋封为"上海邑城隍正堂"。明清两代数百年间，他又被神化为"威灵显赫"地保佑着上海民众的城隍，上海城隍庙随之香火旺盛，声名远扬。作为海滨城市，上海的城隍庙还兼有护海功能，以前那些进出黄浦江的船舶的船主或押船官员都会到城隍庙烧香祈祷。所以每次城隍庙修葺，商民都会踊跃捐赠，这也是上海城隍庙至今尚能兴旺的原因。

苏州河

苏州河是上海市境内的第二大河流。一些上海人提起苏州河，往往会有一种莫名的情绪，带着点沧桑和感慨。苏州河两岸曾经的繁华和纸醉金迷已被现代建筑所替代，十里洋场的恩恩怨怨也早已退出历史舞台，只有那条静静的河流依旧。

苏州河作为近代上海的见证，留下了许多具有代表性的历史建筑，如外白渡桥、上海邮政总局大楼、上海总商会旧址、四行仓库等，形成了现代上海一道特殊的怀旧风景线。

苏州河从**外白渡桥**(宝箱一)附近汇入黄浦江。外白渡桥名字的含义是：可以分文不花白白渡过苏州河。以前苏州河上还有一座木桥叫威尔斯桥，华人过此桥需交"过桥税"，这引起了中国人的激愤。后来，广东人詹若愚设置义渡，免费接送两岸过路华人，以示不屈。市民不再付钱，称之

原来真的是不花钱就可以过的桥！

为"白渡"。租界工部局迫于众怒难犯，于1876年在威尔斯桥近侧造了座可以免费过的木质浮桥，百姓直呼此桥为"外白渡桥"。威尔斯桥则由工部局拆除。光绪年间，这里修建了中国第一座全钢结构桥梁，后面一直修旧如旧。

现在，年逾百岁的外白渡桥的交通功能已退居其次，如今的它乐当观景台。很多中外游客在桥上架起相机，对着彼岸新楼拍照留念，还有很多年轻人在这里拍摄婚纱照。

离外白渡桥没多远有一栋高大恢弘、充满异国风情的老建筑，那就是上海邮政博物馆（宝箱二），它的前身就是上海邮政总局。博物馆位于苏州河畔，对面是四川路桥。博物馆正面看上去像一个"U"字形，两边用刚健有力的巴洛克风格大柱子支撑，体现了典雅格调与雄伟气势两种不同建筑风格的完美结合。邮政博物馆东南侧转角处的塔楼高8层，塔亭两旁有两组雕像，一组为希腊神话中的信使和两个爱神，另一组为爱神手持火车头、轮船和书信盒。这两组雕像十分精致，属于上海滩很高水平的石雕。

让人惊讶的是，在这栋古老的建筑里，上海邮政至今还在营业。营业大厅面积达 1200 平方米，有一个气派的玻璃天井，宽敞明亮、富丽堂皇，素有"远东第一大厅"之美誉。上海邮政大楼是国内仍在使用的建筑中最早、规模最大的邮政标志性建筑，也是上海邮政史的见证。

M50 创意园（宝箱三）位于苏州河南岸，原来是上海春明粗纺厂，现在已成为跟北京 798 一样的艺术社区。在短短几年的时间里，一个个车间变成了创意人的工作室、个性张扬的画廊、影调夺目的摄影间，各种与音乐、艺术和时尚相关的小店来此落户，从事建筑、装饰、家具设计的公司也纷纷入驻，连工厂的围墙上都满是涂鸦。随意的色块、点线中流动着创意的思维，这样的新思维融入沧桑入骨的老墙上，别有一番风味。

与 M50 现代和轻松的氛围相比，位于苏州河北岸的四行仓库抗战纪念馆（宝箱四）则充满历史的沉重感。这里是淞沪会战标志性战役"四行仓库保卫战"的发生地，也是电影《八佰》的故事背景地。纪念馆展览运用实物、雕塑、现代科技等手段再现了当年战斗的场景，通过图文展板、巨幅绘画等形式展示了上海人民投身全民族抗战、共御外侮的历史。

一座仓库，因为英雄的坚守而成为民族永恒的丰碑；一场战斗，因为先辈的热血而成为民族永远的记忆。80 多年过去了，现在四行仓库的周围已是一片安宁，丝毫感觉不到当年战争的残酷，只有仓库墙面上的弹孔在静静诉说着那段可歌可泣的历史。

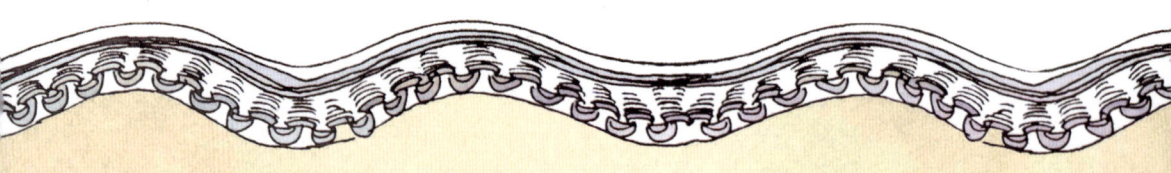

带观众的战役，英雄们的坚守

1937年8月，侵华日军大举进攻上海，淞沪会战全面爆发，双方共有上百万军队投入战斗。到10月，中国军队歼敌4万余人，但我方伤亡也高达30万余人，战况极其惨烈。

10月26日，日军已经突破中国军队防线，再防守闸北已经毫无意义。蒋介石宣布撤出该区绝大多数军队，只留下少数军队坚守，一是为了掩护数十万大军撤退，保存兵力；二是为了向国内外显示抗战姿态，争取国际社会的支持。他最终决定派谢晋元率领一个加强营的兵力，约420人留守四行仓库，掩护主力军撤退。

四行仓库始建于1931年，位于苏州河北岸，是四家银行联营的仓库，由钢筋混凝土铸造而成，墙体很厚，易守难攻。淞沪会战开始后，第88师司令部就设在这里，仓库中贮存了大量食物、救护用品及弹药。仓库旁有一个巨大的煤气储藏罐，其中储存了大量的煤气，再加上苏州河对岸是英租界，这让日军在重炮的使用上投鼠忌器。优越的地理位置，加上丰富的物资，使四行仓库成为坚守上海最佳的防御位置。

谢晋元率部撤退到四行仓库，英军询问他驻兵有多少人，他为了壮大声势，迷惑敌军，答复"八百人"，而事实上仅有四百多名士兵。这四百多名将士们都明白，此时的四行仓库很可能就是自己的坟墓。因为四行仓库的东南两面是苏州

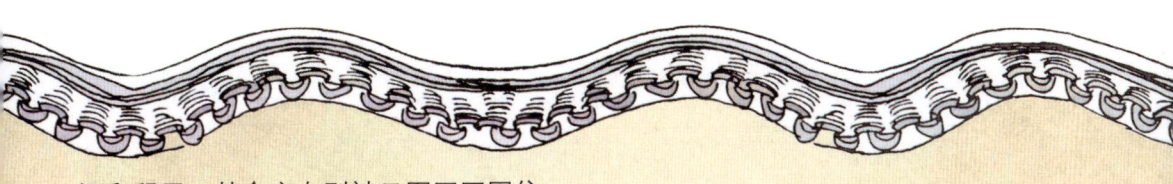

河和租界，其余方向则被日军团团围住。

面对数倍于己的日军，守卫军抱必死之决心，奋勇杀敌，在日军一次次的猛烈进攻下，伤亡极大。其间，公共租界的英军曾多次婉劝守军撤退，均遭拒绝，因而守卫军也被称为敢死队。

虽然经历连续昼夜的激战，守卫军的士气仍然十分高昂，因为在50米外的苏州河畔就有中国民众在加油助威。这是抗战史上唯一带"观众"的战斗。战争与和平被50米宽的苏州河隔开，在苏州河北岸，每天都会聚集上万人为守军助威，最多的时候超过了十万人。

每当日军要进攻时，中国民众要么喊话，要么举起大黑板，传递敌军的主攻方向等信息，并集合起来高喊中国万岁、八百壮士万岁。淞沪会战中最浓墨重彩的一役——四行仓库保卫战，展现在了世界人民的面前。

蒋介石终于向谢晋元部队下达了撤退的命令，谢晋元率部撤入英租界。面对数十倍于己的日本军队，谢晋元部孤军奋战四昼夜，毙敌200余人，用行动粉碎了侵华日军三个月灭亡中国的言论，四行仓库"八百壮士"自此名扬天下。

山阴路

山阴路历史文化风貌区包括山阴路、鲁迅公园,以及山阴路两翼的溧阳路、多伦路。现存建筑大体上建造于1900年至1941年(太平洋战争爆发)之间。这里是近代上海文化名人聚集之地,具有浓郁的历史人文氛围。

午后,漫步在山阴路历史文化风貌区,连绵不断的西欧建筑风格小楼、敞开式的围墙庭院,在茂密的梧桐树映衬下充溢着一派精心雕琢的浪漫,无不向人们叙述着旧上海曾经的历史和辉煌、繁华与风情。

山阴路历史文化风貌区的 多伦路 (宝箱一)不过550米长,却居住过众多的文化名人,鲁迅、茅盾、郭沫若、叶圣陶、柔石、冯雪峰及日本友人内山完造等,都曾经在这条小街上生活居住过。现在,多伦路上还设有很多栩栩如生的街头铜像,向路人描绘着当时文人的风采,很多游客会在这里拍照留念。

除了名人故居外,多伦路上还有许多小型私人收藏博物馆,包括筷子博物馆(多伦路191号)、目前亚洲最大的一家古币博物馆——金泉古币博物馆(四川北路203弄35号原汤公馆)、南京钟藏馆(多伦路193号)、文风奇石藏馆(多伦路189号)等,其他的私人收藏馆还有藏书票馆、集报馆、古陶瓷收藏馆等,而给这些店铺的牌匾题名的几乎都是文化名人。

站在左联纪念馆向前望去,在"L"形多伦路的拐角处,有一座高18米的"夕拾钟楼"(宝箱二),名称取自鲁迅先生的著名文集《朝花夕拾》。其古钟为青铜冶铸,由机器人操纵报时,悠扬的钟声吸引着行人驻足观看。

走过钟楼,名闻遐迩的 基督教鸿德堂 (宝箱三)就在眼前。这座教堂建于1928年,为纪念美国传教士费启鸿而得名。教堂建筑罕见地采用了中国传统建筑造型。正面墙上耶稣受难的十字架历经沧桑,向人们发出无言的警示。

离多伦路不远的鲁迅公园原名虹口公园,现在有大量上海市民在这座公园里

休闲娱乐。鲁迅公园里有一座**鲁迅纪念馆**（宝箱四），是一幢具有鲁迅故乡绍兴民居风格的建筑。在这里，可以参观到鲁迅先生的手稿，以及他生前的衣物、生活用品、书信、照片与藏书等珍贵物品，让人们通过各种细节来了解先生。

来到纪念馆前，首先映入眼帘的是一尊鲁迅塑像。塑像的基石后面写有这座雕像的设计师吴为山的《塑像创作手记》："以刀塑造，硬而爽。简中求准，落刀成型。疾而猛，则魂魄生。这是最硬的骨头。是我们民族的脊梁。"

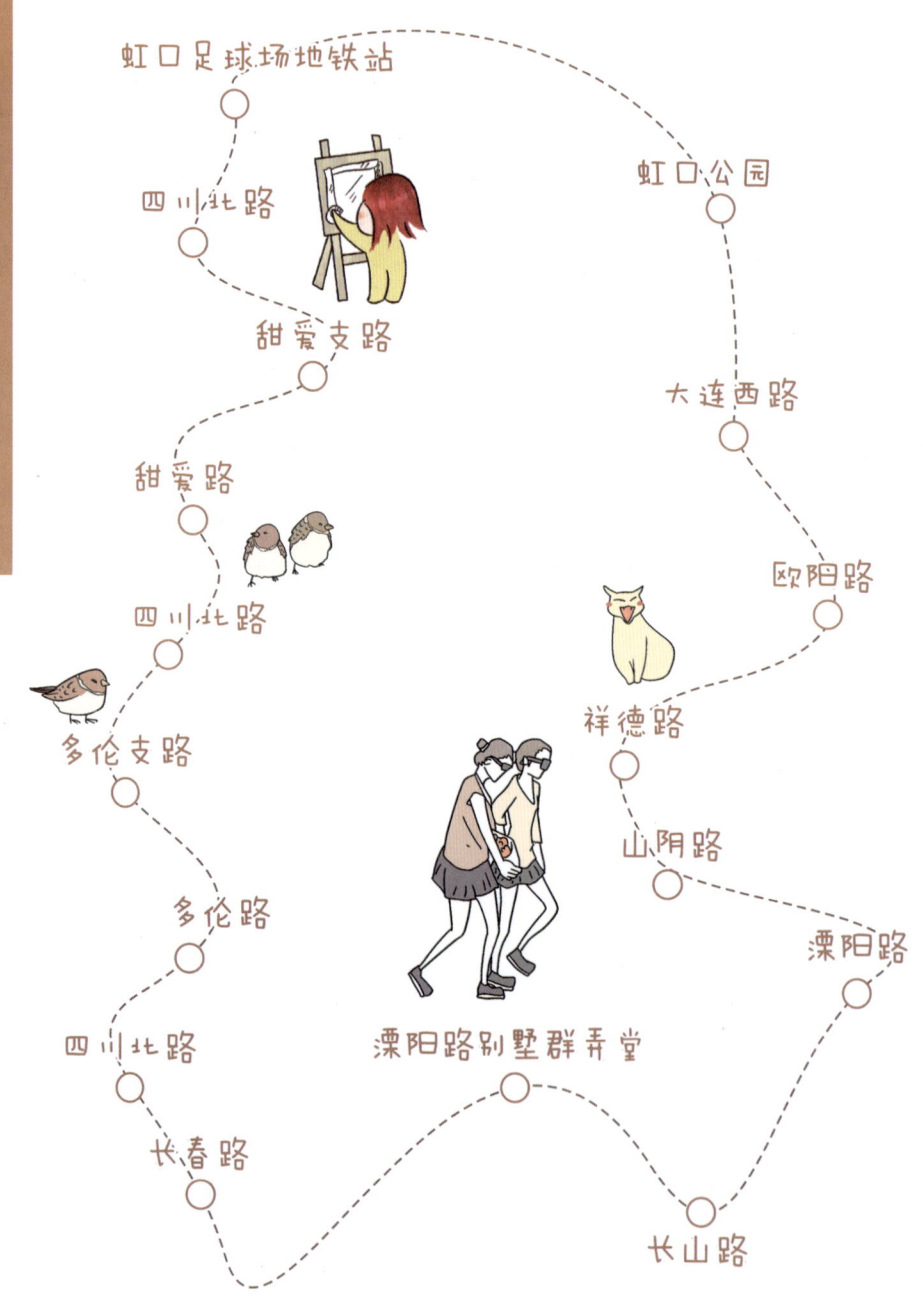

进入鲁迅纪念馆,通道一侧是面巨大的"书墙"。这里展示的都是历年出版的与鲁迅相关的图书。纪念馆内展出的实物多是鲁迅先生的生活用品和书札。

如果想更进一步了解真实的鲁迅先生,鲁迅故居(宝箱五)是一个不错的选择。鲁迅故居坐落在山阴路一条不起眼的弄堂里。山阴路很短,建筑风格相当统一,都是典型的石库门建筑,给人以20世纪二三十年代的感觉。

鲁迅故居有三层,当年先生以每月45块大洋租下此房。一层是会客厅和餐厅,摆放的家具和物品绝大多数是鲁迅生前使用的原物,由许广平(鲁迅第二任妻子)捐赠。二层为鲁迅先生的卧室兼书房,先生就是在这里仙逝的。三层为周海婴(鲁迅儿子)的卧房和小阳台。

鲁迅于1927年10月从广州来到上海,到1936年10月19日逝世,在上海整整生活了9年。在上海期间,他陆续出版了9本杂文集和历史小说集《故事新编》,先后编辑多本文学刊物,翻译了许多外国文学作品。他还掩护过瞿秋白夫妇、冯雪峰等共产党人在此居住。

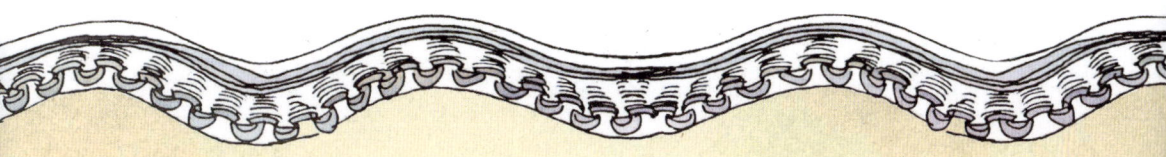

鲁迅先生在上海

在鲁迅 55 年的人生中,上海是个重要的地方。单就时间上看,他在上海生活了 9 年,也是人生中最后的 9 年。

在这期间,鲁迅的收入主要来自公务员收入、教学收入和写作收入这三部分。据统计,鲁迅在上海 9 年间平均月收入约为 724 元。根据当时上海市政府公布的统计数字,小学教师的月薪约为 40 余元,鲁迅的收入显然属于高收入。

较高的收入保证了鲁迅和家人的稳定生活,也保证了他独立的创作环境,让鲁迅在那个法西斯文化无孔不入的时代依旧拥有自由思考的空间。

但高收入的鲁迅在生活上却十分节俭,总穿着那一身中式长衫、一双黑色帆布胶鞋,就连国际友人史沫特莱邀请鲁迅共进晚餐的时候,饭店门口的服务员都因为先生的穿衣打扮而不允许他进门。鲁迅喜欢抽烟,为了节俭,他经常抽到烧手烧口还舍不得扔烟头。许广平看了心疼,就给鲁迅买了一个象牙烟嘴。

生活这样节俭的鲁迅,赚的钱都花到哪里去了呢?

鲁迅在自己的爱好上是很舍得花钱的,光是他日记里记录的购买的书籍就多达 9600 册,石碑、刻石、画像等拓片有 6900 张。他还喜欢买包厢票看电影。

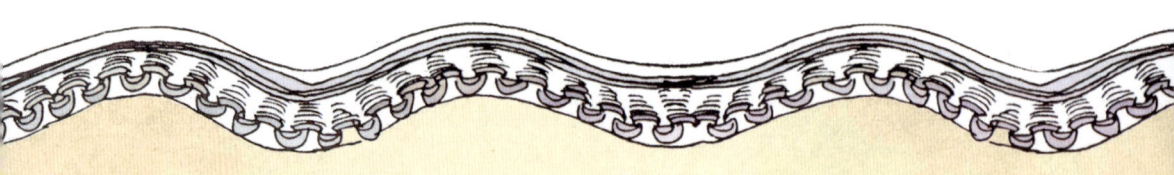

其次，鲁迅需要负担妻儿和亲属的生活费，并资助其他作家和文学活动，比如资助青年办未名社。据粗略统计，曾受惠于鲁迅资助的文化艺术团体不少于十个。著名女作家萧红就是鲁迅慧眼洞察到她的天赋和才情，掏钱资助她自费出版了《生死场》，也正是这部作品奠定了萧红在文坛的地位。

在白色恐怖中，鲁迅还大胆加入并资助革命活动。他先后参加了中国革命互济会、中国自由运动大同盟、中国左翼作家联盟、中国民权保障同盟和反帝反战同盟等组织，并曾为互济会和左联捐款。

自食其力、乐善好施，用一生的智慧创造财富，不依附任何人与势力而遗世独立，这就是鲁迅先生永远成为文化人榜样的理由！

朱家角

　　朱家角是离上海中心城区最近的江南水乡古镇,是上海四大历史文化名镇之一。镇内小桥流水,古意盎然。在上海这片寸土寸金的繁华之地,保留着这样一座一山一湖尽显江南水乡特色的古镇,实在难得。

　　朱家角面积不算大,却有36座桥,而这么多的桥里面,最出名的是放生桥。放生桥始建于明代,桥体庞大,形状似巨龙,是上海地区最长、最大、最高的五孔联拱大桥,给人非常大气的感觉。它的建筑风格大而不粗,处处体现出精致、细微、周到。

　　放生桥由慈门寺僧人募捐建造,此桥上不可以撒网捞鱼,只可以放生,故而得名放生桥(宝箱一)。还有个传说:普陀的观音菩萨路过这里,看到渔夫打捞了一条金色的鱼,这鱼其实是东海龙王的小公主。菩萨化作凡人,让渔夫放了金鱼。渔夫就此放了金鱼,也得到了观音菩萨的点化,成为了罗汉。于是人们在这里修桥,起名放生桥。

　　课植园(宝箱二)是朱家角最大的庄园式园林建筑,原是当地巨贾马文卿的私宅,故俗称"马家花园"。这座园林规模恢弘,园内环境幽静,风光独好。

　　据说,园林建造之初,马文卿遍访江南名园,从中汲取精华为他所用。正因

他的这份执着，才使得课植园拥有独树一帜的布局和与众不同的景致。园主马文卿早年接受西洋教育，因此课植园的结构设计和所用建筑装饰材料，很多都采用中西合璧的形式，这也是课植园最大的特色之一。

园中的 连体复廊（宝箱三）则展现出园主内心传统保守的一面。连体复廊分为两侧，南为阳，走男性；北为阴，走女性。为何要造一条连体走廊呢？因为古时儒家礼仪强调男女授受不亲，非夫妻关系的两性应禁止过多接触。

古镇中还有一座古香古色的 大清邮局（宝箱四），那是一栋面阔三间的红蓝相间的两层砖木混建楼房，从里到外都是原汁原味。邮局大门上挂着有"大清邮局"字样的蓝色门帘，门左边是一个仿制的大清邮政的信筒。朱家角的大清邮局是正规的官办邮局，是清代上海十三家通邮驿站之一，在这里可以对中国几千年来驿站和邮政行业的发展有直观深入的了解。

走进大清邮局，正厅是两间大屋，两只大灯笼高挂房梁，灯笼上印有繁体字"朱家角邮局"。再向前就是清代邮政办理业务的高柜，高柜后面有营业人员在给游客进行服务。高柜左边摆放着一张老式方桌，上面摆放着文房四宝，这里是代写家书的地方。

邮局左侧是专用的河埠码头。在清代，要想进入朱家角，只有水路，没有旱路，所有的邮件都是船进船出。

码头墙上"大清邮局"的黑色大

字在白色的墙上十分醒目，默默地诉说着朱家角的邮政历史。

　　过道旁边是楼梯。顺着楼梯来到二楼，这里有介绍大清邮政历史和朱家角邮局历史的图版，并展示了那一时期的各种明信片。这些明信片真实地折射出当时各阶层人民的生活状况和各地区的民俗风情。

　　朱家角会让你有种很奇特的穿越感。明明身在上海，却仿佛置身江浙一带的水乡——类似的石桥和石板路、同样青翠的河水、卖着全国标准化旅游纪念品的商铺。只有当饭店门口揽客的阿姨突然冒出一句："小姑娘，切饭伐？"你才突然意识到这里也是上海的一部分。

　　原来你忘了，朱家角离繁华都市只一步之遥。上海除了钢筋丛林，也有柔波荡漾。

漫说中国邮政发展史

在古代,邮政就是邮驿,借助马、车、船等交通工具来传递官方文书和军情信息,运输军事物资,并作为政府招待所。宋代设"急递铺"军邮,全国约两万处。宋朝虽允许达官贵人交邮传递家书,但老百姓是不能享受这种待遇的。

到了明清时期,为了适应民意通信特别是商人通信的需要,民间开办的民信局快速发展,到清朝已有大小民信局数千家,彼此相互联营,形成了一个民间通信网。直到清朝光绪皇帝批准开办大清邮政官局,中国近代邮政才正式诞生!

陕西路

陕西路是上海的历史文化名街之一,有着近百年的历史,不仅保留着梧桐茂密的林荫道,还拥有几十处名人故居和历史建筑。

陕西北路470号为太平花园的总弄,弄口上方有"太平花园"的标识。第二次世界大战时期,此地是一处犹太难民居住点。与"太平花园"相邻的便是远东最大的犹太教会堂——西摩会堂(宝箱一)。西摩会堂原名"拉希尔犹太会堂",由沙逊洋行出资建造。沙逊当时建此堂是为了纪念自己刚刚去世的爱妻,同时也为犹太人提供一个宗教聚会的场所。

为什么上海会有很多跟犹太人相关的地方呢?那是因为1933—1941年,当世界上大多数国家都拒绝接纳犹太难民时,上海是当时世界上唯一不需要签证、不需要经济担保、不需要工作证明等即可进入的大城市。

上海敞开了大门，中国人民也接纳了避难的犹太人，因此有约2.5万名犹太难民把上海当作他们的避居地。但作为纳粹德国的盟友，在德国向日本发出外交照会后，日本人对犹太人采取了严厉措施。日本人将整个犹太社区用高墙围住，断绝一切物资与人员进出，意图让犹太人自生自灭。

在此紧急关头，中国人民冒着生命危险，自发且无偿地偷偷帮助犹太人。他们往高墙内扔食物，从铁丝网的缝隙里塞食物进去。当第二次世界大战中600万犹太人在欧洲惨遭杀害的时候，迁移和逃亡到上海的犹太人大部分都奇迹般地生存了下来。不要小看在上海得以存活的小部分犹太人，因为人丁稀少，这部分人后来成为以色列建国的骨干。

武康大楼

离开西摩会堂继续往前走，会看到一栋典雅的白色洋房，走近后令人眼前一亮。只见4根修长的巨柱贯通上下两层，柱头雕刻着精巧柔和的涡卷，大气中透着柔美，让整栋建筑看上去有一种与众不同的气韵。这栋房子是当时的香港首富<u>何东的住宅</u>（宝箱二）。何东是地产巨商，是汇丰银行等多家企业和公司的主要股东，也是香港大学的创办人之一。在第一次世界大战期间，他因捐献巨款帮助英国政府而被英国皇室封为爵士。

设计何东这座住宅的是著名建筑师邬达克。现在上海有很多有名的地标性建筑，比如国际饭店、大光明电影院、花旗总会、四行储蓄会大楼、沐恩堂、广学大楼、市三女中五四大楼、武康大楼（诺曼底公寓）……还有一些医院、学校、教堂、公寓、别墅等都出自他的手笔。他设计的不少建筑在很长一段时间里都成为上海的标志。

邬达克是个犹太人，早年是奥匈帝国的一名军官，不幸被俄罗斯军队抓获，送到西伯利亚的战俘集中营。1918年，25岁的邬达克从战俘营流亡到上海。为了在人生地不熟的异乡生存下去，他在一家美国建筑事务所当助手。7年后，32岁的邬达克在上海拥有了自己的建筑设计事务所。

邬达克

那个年代的上海是一个"英雄不问出处"的舞台，诞生了很多来自世界各地的传奇人物，位于陕西南路30号的马勒别墅则讲述了另一个外国人在上海的传奇人生。

<u>马勒别墅</u>（宝箱三）是一幢北欧风格的建筑，其高低不等的尖塔、形状各异的窗户、琉璃筒瓦的围墙，宛如一座城堡，给人一种童话般的感觉。

这个宛如童话世界的建筑背后有一个很温馨的故事：有一个小女孩梦见自己

69

来到安徒生童话世界中的城堡，女孩醒后用蜡笔描绘出自己梦中的幻景。她的父亲见到这幅充满童真的图画，欲将女儿的画变成现实，于是委托当时著名的华盖建筑事务所，参照女孩的梦景设计建造了这栋沪上名楼。

这位父亲就是英籍犹太人马勒。1919年，马勒来到上海。和许多西方冒险家一样，他原本一无所有，多亏一匹马发了家。他在赛马中连连得手，同时亦参加跑狗，运气不错。后来通过造船航运、洋行地产等行业致富。

马勒把住宅内部装修得像一艘要驶向梦想彼岸的船，装修以木质材料为主，地板、墙面、楼梯都是木材，雕刻的花纹非常细致典雅。曲折多弯的楼梯分出东西两翼，一翼通向"前舱"，另一翼通向"后舱"，通道上的圆窗就像是船上的舷窗；一幅幅木雕画描绘的全是船队的海上情景，如船舵、船锚、海草、海浪、海上日出、海上灯塔、海上作业等；就连地板都带有海草、海带的图案。

马勒虽是英籍犹太人，但发迹却在中国，所以楼房的外形虽是北欧挪威式，但花园和楼内装修的许多细部颇有中国味道。大门口就像中国传统的豪门大宅一样，放置了一对中国式的

石狮子；花园四周高大的围墙用耐火砖铺贴，以黄绿色中国琉璃瓦压顶。走在楼道里，时不时地还能看到佛龛，就像渔民在船上供奉的菩萨，保佑着主人一帆风顺。

可惜，马勒一家在此没住多久就遇上了抗日战争。1941年，日本人进入租界后，马勒一家被赶往集中营，马勒别墅成了日本人的军人俱乐部。抗战胜利后，这里又成了国民党的一处特务机关。

在陕西北路与南阳路转角处，有一处很打眼的篱笆墙，隐约可以看到一栋二层半高、四面凌空的英式花园别墅住宅。这处房子原属一个叫约翰逊·伊索的外国人，后被著名基督教牧师宋耀如（宋庆龄之父）买下，成为宋家花园（宝箱四）。

这样一来，民国时期蒋、宋、孔、陈四大家族中的三家都与这座花园住宅有着密切的联系，给这个花园带来了将近半个世纪的传奇故事。

上海解放之初，宋庆龄在这里创办了上海第一个新型的中国福利会托儿所。1981年宋庆龄去世后，这所饱经历史沧桑的房屋由中国福利会管理，并由宋庆龄基金会使用，同时又是福利会老干部活动室。

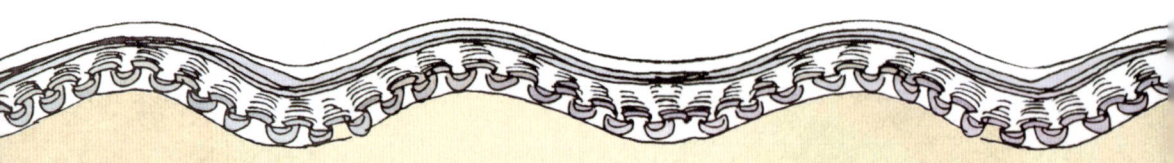

她的传奇

她，出身名门，美丽动人，留洋深造，极富才华，是中国最有名最优雅的女性之一，直到88岁带着一生光环离去。

她的丈夫是中华民国的创建人孙中山，她的妹夫是蒋介石。她就是宋庆龄，曾任中华人民共和国的副主席，一个为中华民族的民主与自由奉献了一生的女子。

生活对宋庆龄是仁慈的，恩赐了一个爱她并能在思想上跟她共鸣的男子——孙中山。生活对她又是残忍的，一次军队叛变，在围追堵截的逃亡中，她失去了腹中的孩子和生育的能力。婚后不到10年，孙中山的肝脓肿转为肝癌晚期。

短短的几年里，宋庆龄相继失去了她生命中最重要的三个人：父亲、孩子、丈夫。从那时开始，这个美丽的女子收拾起所有的柔软无力、哀婉凄迷，开始了坚强又孤独的56年。中华人民共和国成立后，她与亲兄弟姐妹隔海相望，因为种种原因不能再见，甚至在她去世前想见一下妹妹也未能如愿。

她也许是孤独的，但同时也是充实又伟大的——她的一辈子都为自己的信仰而活。

静安寺

众所周知,南京路是上海最繁华的一条商业街,而作为佛教清净之地的静安寺所在的南京西路起初曾叫"静安寺路"(宝箱一)。

静安寺远看特别像一座宫殿,富丽堂皇,在阳光下金光闪闪。静安寺山门前的高柱和庙后角的高塔,与汉地寺庙风格迥异,一看就是藏式风格,所以特别抢眼。

静安寺是中国汉族地区密宗佛教的寺庙,是上海最为著名的古刹之一。上海静安区也因静安寺得名。相传,这座寺三国时期就有了,距今已有1800多年的历史。起初,静安寺建在吴淞江边,南宋才搬迁到今天这个位置,早于上海建城。

当初将寺址搬迁到这里的人应该想不到,这个江南小镇700多年后会是如此喧闹。静安寺的存在给了浮躁的都市居民一片静心之地。

思南路

思南路是上海一条很有名又很安静的街道，街道两边是高大的法国梧桐树。在刚刚下过雨的早晨，空气是潮湿的，法国梧桐的叶子有些微黄，有些稀落，但也更显得浪漫。

在思南路，走过一段古旧的篱笆围墙，会出现一栋被藤蔓植物环绕的西班牙式花园楼房，这就是思南路上最有名的一栋建筑——周公馆（宝箱一）。它建于19世纪20年代初，共有四层，外墙用光滑的鹅卵石装饰，镶有木质的窗户，黑色的篱笆墙围成一个幽静的院子，几株竹子探出头来，显得十分别致。

周公馆曾是中国共产党代表团驻沪办事处，由于当时国民党不让共产党设立办事处，所以就称为周公馆。周恩来、董必武曾多次在这里会见各界人士并举行中外记者招待会。

走进周公馆一楼一间朝东的房间，一张办公桌上面摆放着一盏小台灯和整整齐齐的办公用品，一张不大的床上铺着朴素的格子床单。周总理当时就是在这里工作和生活的，可见他的生活多么简朴。踏着古朴的木质楼梯走到二楼，其他工作人员的房间也是办公室兼卧室，陈设也十分简单，每一个房间的办公桌上都整齐地摆放着收音机、英文打字机、油印机等物品。

底层有两间小屋和一个汽车间，外面则摆了一张桌子、两把椅子。这可能是周总理喝茶、休息的地方吧。

除了周公馆，思南路上还有许多名人的故居，如张学良、梅兰芳等，有兴趣的话可以去思南路上好好探寻一番。

七宝老街

"十年上海看浦东,百年上海看外滩,千年上海看七宝。"七宝古镇(宝箱一)靠近上海繁华的中心城区徐家汇,坐地铁9号线、10号线就可以到达,出行方便。而且,它还有大名鼎鼎的佛寺压阵。当然,对于吃货来说,七宝古镇的特色小吃也是一大诱惑。七宝方糕、七宝大曲、老街汤圆、白切羊肉、叫化鸡、田螺嵌肉……可能这里的美食比前面两个缘由更吸引人。

七宝古镇始建于宋,跟南翔、龙华、法华这些古镇一样,以当地佛寺命名。所以,七宝镇第一景点当数七宝寺。据说晋代著名的文学家陆机、陆云兄弟被杀害后,其后裔在二陆原籍松江立香火祠,名陆宝院,后改名陆宝庵。陆宝庵三移其址,这中间经历了东晋、南北朝、隋、唐,将近600年,一直到五代十国。吴越王钱镠赐以金宝莲花经,将陆宝庵改名七宝寺,七宝寺正式得名。

七宝不大,古镇只有一条南北贯通的明清老街,仅容几个人并行,两旁都是朱红排门的老商铺。不到一个小时就可以将古镇逛个遍,很适合对江南古镇比较感兴趣又没有太多时间的人去走走。

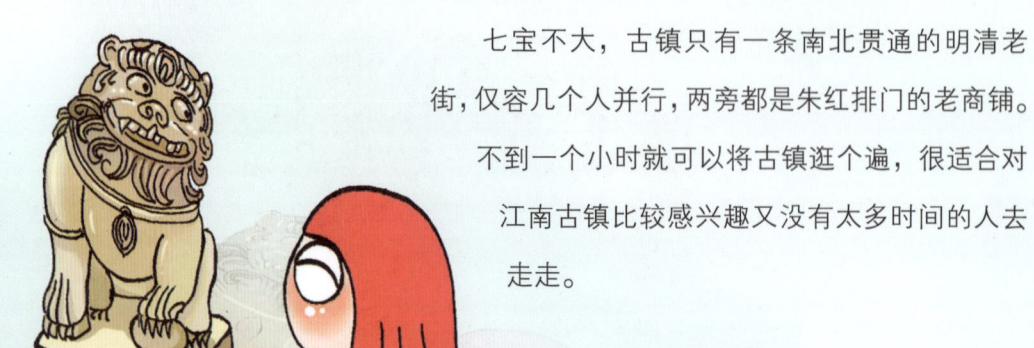

淮海中路

淮海中路位于上海市中心，是上海最繁华的商业街之一，也是全上海公认的最美丽、最摩登、最有"腔调"和情调的一条街。在夏季，淮海中路部分路段上空几乎全被粗大法国梧桐的树叶所遮盖，在这一段宁静整洁、别具欧陆风情的马路上悠闲地漫步，路面上只露出那隐隐约约透过树叶的阳光，给人以心旷神怡、浮想联翩的感觉。

上海解放后，很多名人都住在这条路上，走在淮海中路上可以看到不少名人故居。

1949年前，淮海中路旧称霞飞路（宝箱一），由当时的法租界管辖，至今还留下了不少当时外国人居住的小洋房。

除了法国人，俄罗斯侨民对淮海路意境的形成也起到了巨大的推动作用。从十月革命中逃亡到上海的白俄侨民据说有3万多人，他们中稍有些资财的就会把谋生的中心移到霞飞路。在短短几年时间里，他们在霞飞路上开设了60余家商店，俄侨商业的迅速发展也吸引了其他国家侨民和华商资金的投入。20世纪30年代，霞飞路逐渐开始充满浓郁的欧陆风情。

龙华寺

龙华寺是上海地区历史最久、规模最大的古刹,距今已有1700多年的历史,寺名来源于佛经上弥勒菩萨在龙华树下成佛的典故。传说这是个很灵验的寺庙,所以香火很旺。

龙华寺内可以付费吃素斋。来龙华寺烧香的游客往往会买一碗素面,经常能看见排队等候吃素斋的场面。

三四月份有龙华庙会(宝箱一)活动。上海有句老话,叫"三月三,上龙华,看桃花"。传说,农历三月初三是弥勒佛化身布袋和尚的日子。为了纪念他,春天桃花开时,龙华寺便会举行纪念法会,香火旺盛,吸引了很多民众和小商贩,年复一年,最终形成了现在每年的龙华庙会。

百变新上海

新天地

有人说，上海有四大象征：外滩万国建筑群、商店集聚的南京路、古色古香的豫园，还有就是曾经居住了60%的上海人的石库门。

"石库门"（宝箱一）是上海近代建筑的标志。为啥叫"石库门"？有一种说法是因外门以石条作箍来包裹住门，称为"石箍门"，后因宁波、绍兴语言口音"箍""库"不分，而传为"石库门"。

"新天地"就是以"石库门"旧区改建而成的时尚商圈，分为南里和北里两部分。南里以现代建筑为主，石库门旧建筑为辅；北里则以保留的石库门旧建筑为主。南里北里新旧对话，交相辉映。

新天地很多建筑的内部被改造成了时尚的商家，精品店、咖啡小酒吧、主题餐厅、特色文创小店等，都具有独特的风格。

在南里和北里之间，有个"屋里厢"博物馆（宝箱二）。"屋里厢"是地道的上海话，意思是"家"。"到屋里厢来坐坐"，即来我家坐坐的意思。

这个博物馆本身就是一栋石库门民居，主要展示7间房，分别是客堂间、书房、老人房、主人房、女儿房、儿子房、灶披间。博物馆以一个石库门家庭的故事贯穿参观始终，每个房间里放置了很多老物件，如留声机、课本、口红、烟缸、象棋、手炉……走进这栋两三层小楼的石库门的"家"，就像走进20世纪一户寻常中产阶级人家的老宅子。主人们好像有事外出了，房间里还是他们生活着的模样。

在石库门建筑里，一楼、二楼的夹层处有一个小空间，被称为"亭子间"（宝

箱三）。它的下边是厨房，上边一般是晒台，因为朝北，故冬冷夏热，且面积狭小，是整幢楼里条件最差的房间，大多用作堆放杂物，或者居住佣人。若招租的话，自然也是房租最便宜的房间。

20世纪二三十年代，很多清贫的文学创作者来上海后，就会租住在廉价的"亭子间"里进行创作，许多著名的作品都诞生于此，故有"亭子间文学"之称。鲁迅、蔡元培、郭沫若、茅盾、巴金、丁玲、丰子恺等都住过亭子间。

屋里厢博物馆的东侧是中共一大会址纪念馆（宝箱四），也是典型的石库门式楼房，漆黑大门、铜门环、青砖红砖相间。1921年7月23日，毛泽东等13位一大代表和共产国际代表就是在这幢石库门房子的客厅里召开了中国共产党第一次全国代表大会。

进门是一大代表的浮雕，当时会议代表一共13人。还有两位是共产国际的代表，他们是来帮助建立中国共产党的。这13人代表了当时全国58名党员，在这里慷慨陈词。

展厅主要在二楼，这里陈列着家具、个人物品等文物，以及文字图片资料，介绍了中国共产党诞生的史迹、历史背景、"一大"与会者介绍及各地共产主义小组活动记录。

从展厅下到一楼，走过天井可看到一排四开间的小房间，这里就是当年开会的地方，可以看到里面还原的家具摆设和环境布置。桌上有一个专门放火柴的架子，可以感受到当时的氛围。当时这里是出席中共一大的上海代表李汉俊及其兄李书城的住所，被借用开了6次会议。后来，由于遇到法租界巡捕房检查，会议转移到浙江嘉兴南湖游船上举行。

星星之火，可以燎原。正是由这十几个人发起的中国共产党，克服千难万险，掀开了近现代中华民族渴求复兴、为民族解放和重新崛起而不懈斗争的奋斗历程。中国共产党从这里出发，从弱小走向强大。

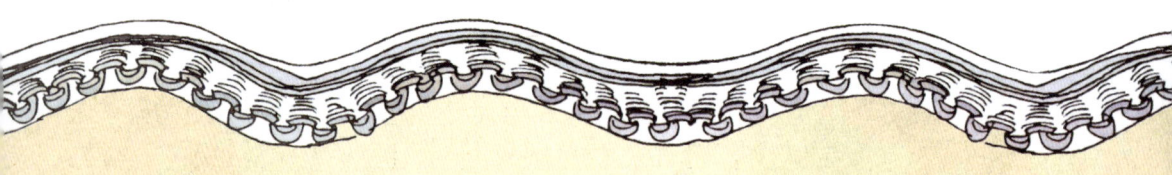

品读石库门

　　石库门建筑是上海极具地方特色的传统住宅，在民国时期曾经风光一时。石库门比较像江南传统的二层楼的三合院或四合院，有规整的客堂，楼上有安静的内室，还有常见的左右厢房，基本保持了中国传统住宅对外较为封闭的特征。虽身居闹市，但关起门来却可以自成一统。这"门"也就变得愈加重要起来。

　　石库门建筑由其"门"而得名。因为石库门总是有一圈石头的门框"箍紧"门。门楣装饰丰富，门扇为乌漆实心厚木，上有铜环一副。当时租界内的中外开发商为迎合居民追求安全等需求，在住房的"门"上大做文章，以一对乌漆大门、两个铜质大吊环显示不可侵犯之势，门框采用厚实花岗岩，既感坚固又显身份。

　　上海人的性格养成与石库门这种建筑的样式也息息相关。上海的很多市民都混居在石库门中。在石库门里，大家"挤聚而居"，大家共用厨房和晒台。一栋石库门房子中至少要住六七户人家，多的甚至几十户。在这种环境下成长的上海人，往往形成了处事老练、善于察言观色、行事"拎得清"的特点，往往带着一种防卫的处世态度。

　　石库门是上海近代史上一个独特时代的产物，是上海城市文化的重要根基。近几年上海在不断改建，许多石库门也因此而消失，不过还是有一部分被改建后保留了下来。比如在黄陂南路、太仓路的新天地就很具代表性。新天地的石库门虽然充满了时尚的元素，但还是不失为去了解这座城市的一个好去处。

上海博物馆

上海博物馆位于市中心的人民广场南侧，呈方形基座与圆形出挑相结合的建筑造型，象征"天圆地方"。上海博物馆凭借自身强大的实力，收藏了来自全国各地各省份各朝代之珍宝，有文物界"半壁江山"之誉。一至四层有多个展馆，展品有青铜器、古代钱币、明清家具、书画艺术等，大致看完也需要3—5小时。

上海博物馆有很多文物造型都特别有趣，让人忍俊不禁。比如，上海博物馆的镇馆之宝"牺尊"（宝箱一）就是一件造型十分有趣的文物。"牺尊"是春秋晚期贵族使用的温酒器，造型优美，纹饰精细且构图新颖，装饰有以盘绕回旋的龙蛇纹组成的兽面纹，

集盛酒、温酒功能为一体，是当时发现的青铜器中唯一的一件温酒器，可谓"前无古人，后无来者"，甚为珍贵。

子仲姜盘是上海博物馆另一件造型十分有趣的文物，它是春秋早期用于盥洗的青铜器。据刻在上面的铭文所言，此盘是春秋时某官员为其夫人"子仲姜"制作的爱情信物。子仲姜盘形体较大，整器风格质朴浑厚。盘内共铸31个水生动物，20个是浅浮雕，11个是圆雕，可在盘底作360度旋转。这个就非常不一般了，

我们还从未发现过这样的青铜器，上面的雕刻是可以动的，而且不是晃动，是随着人的使用而转动起来。

可以想象，当姜氏在使用这个盘的时候，下面的11个小动物不断转动，肯定是一件好玩的事情。那时候可没有现在这么多玩具、电子游戏，这件器物绝对是当时的顶级玩具之一。它已经不再仅仅是一个使用的器物，还是一件精致的艺术品，是技术和艺术的完美结合。在近三千年前，能有这样的想象力和工艺，确实非常了不起。

博物馆一楼的"中国古代雕塑馆"里有一尊"**唐菩萨石像**"（宝箱二），虽然没有手臂，不完美，但堪称东方维纳斯。看到她丰润秀美的脸上那安详的神情，会让静谧、平静由心而生。

大克鼎（宝箱三）是上海博物馆的镇馆之宝，也是国家禁止出境的文物。大克鼎上有290个字的铭文，记录了鼎的主人是一位西周的膳夫（宫廷厨师长），名叫"克"。铭文分为两个部分：一为克对祖父功绩的追述；二为周王对克赏赐的记载，包括赏赐的礼服、土地、奴隶。除大克鼎以外，还有小克鼎七件，用来盛放肉食等祭祀品。克作为膳夫，却享有诸侯级别使用的七件列鼎，可以确认他在当时极受周王重用。

上海博物馆还有一件国之重器——**晋侯苏钟**（宝箱四），也是国家禁止出境的64件国宝之一。晋侯苏钟是16件一套的铜编钟，是西周晋国的一套打击乐器，有铭文355字，首尾相连刻凿在16件钟上。铭文完整地记录了周厉王三十三年晋侯苏率兵随周王巡视东土、征讨叛乱部落，并立功受赏的事。在一件器物上有这么完整的时间记录，前所未有，晋侯苏钟也因此成为探讨西周历法的重要材料。

上海博物馆还有很多其他的国宝文物值得参观，比方说吴王夫差盉、西汉透光镜、怀素的《苦笋帖》、王献之的《鸭头丸贴》等，都是值得认真欣赏的国宝。

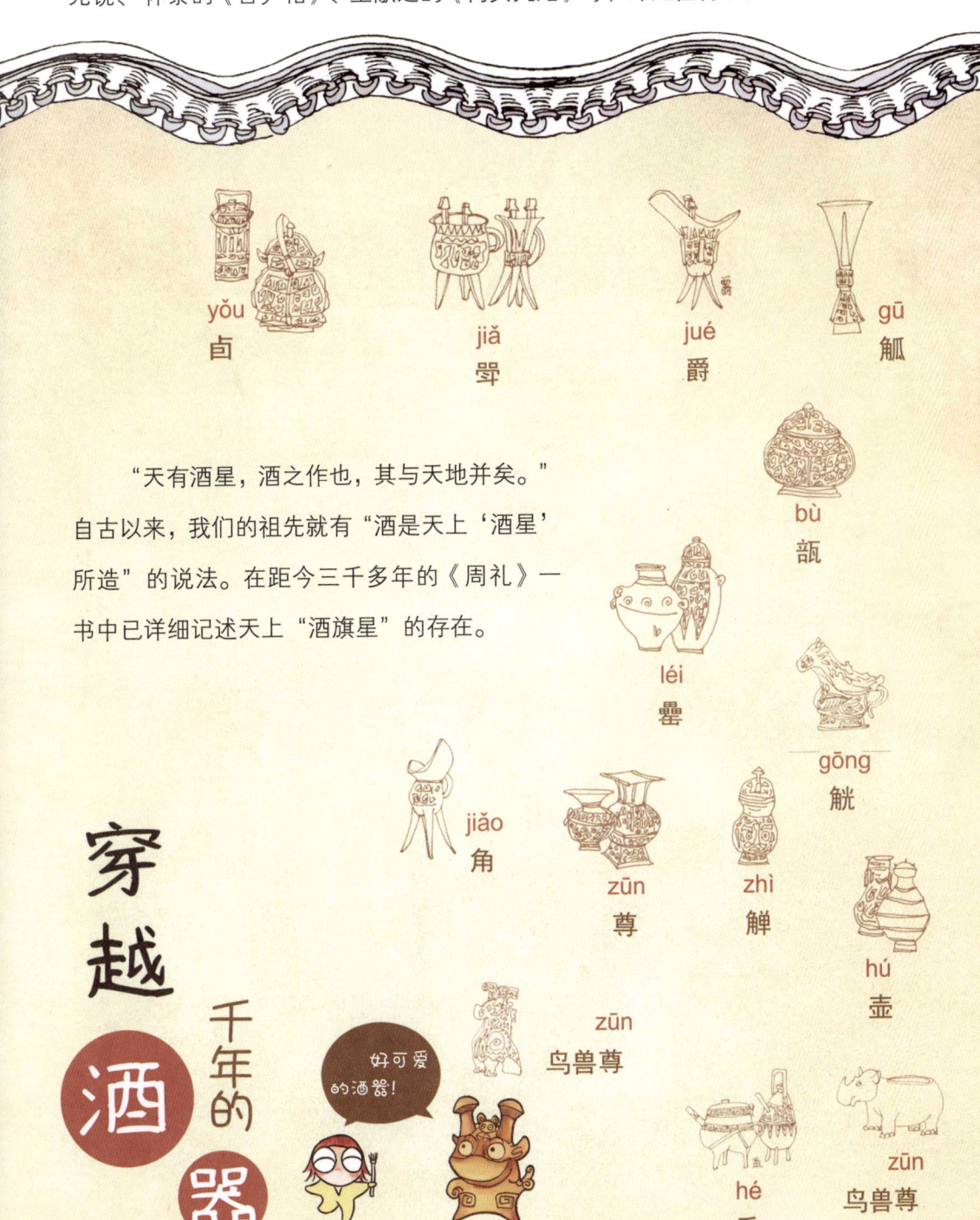

"天有酒星，酒之作也，其与天地并矣。"自古以来，我们的祖先就有"酒是天上'酒星'所造"的说法。在距今三千多年的《周礼》一书中已详细记述天上"酒旗星"的存在。

穿越千年的酒器

青铜器的制作方法

1. 用泥巴小心地把鸡蛋包裹起来。

2. 等泥巴风干后,小心地切开。

3. 得到泥巴壳和里面的蛋。

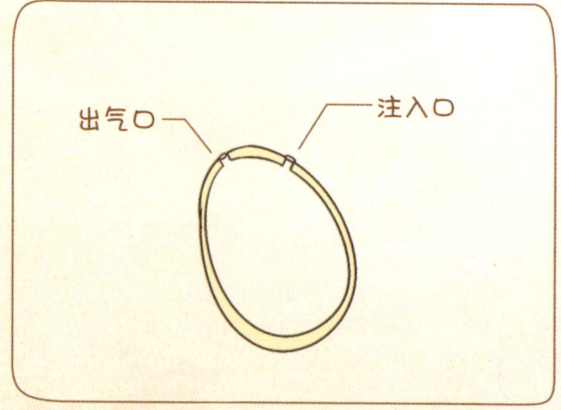

4. 将泥巴壳合起来,封住切口的缝隙。在泥蛋上打两个洞,一个作通气口,一个作铜水注入口。

5. 将铜水注入。

6. 冷却后，敲掉泥巴。

7. 啦啦啦，铜蛋做好啦！

当然，实际上我们在博物馆看到的青铜器的形状比鸡蛋复杂多啦！在切割和组合泥巴做成模具的时候，并不是像鸡蛋壳一样把两半合起来就好了，动物的花纹繁简、器具的空心与否都增加了模具制作的复杂性。还有铜水的浇注，铜的熔点是 1083 摄氏度，是不是特别高？

青铜器的制作过程

第一步为塑模，用泥土塑造出铜器的基本形状。

第二步为翻范，用事先调和均匀的细质泥土紧紧按贴在泥模表面，拍打后使泥模的外形和纹饰反印在泥片上。

第三步为合范，将翻好的泥片划成数块，取下后烧成陶质，这样的范坚硬不易变形，称为陶范。

第四步为浇注,将铜液注入陶范。

第五步为敲碎模具并修整。待铜液凝固后,将内外陶范打碎,取出所铸铜器。一套陶范只能铸造一件青铜器。刚铸好的青铜器表面粗糙,纹饰也不清晰,需要经过打磨整修,才能成为一件精致的铜器。

第六步,青铜器完成。

有趣的博物馆

据说，上海每 19 万人就拥有一座博物馆。从栩栩如生的自然世界到几百年前的历史风貌，上海漫溢着让人意想不到的博物馆乐趣。来到上海，也就来到了一个认知这个世界的窗口前。下面介绍几个上海有代表性的博物馆，它们一定会让你大开眼界的！

上海科技馆

上海科技馆（宝箱一）总投资 17.55 亿元人民币。项目占地面积 6.8 万多平方米，总建筑面积 9.8 万平方米，展馆由天地馆、生命馆、智慧馆、创造馆、未来馆等五个主要展馆和临展馆组成。2001 年 APEC 领导人非正式会议就在此举行。

上海科技馆是上海 5A 景区，如果有时间的话不妨去看看，一定不会让你失望的。

上海海洋水族馆

各大城市的水族馆都大同小异，上海海洋水族馆（宝箱二）比较新奇之处是内设富有特色的中国长江流域生物、生态展区。这里展示的生物大多均为国家级保护动物，包括中华鲟、胭脂鱼、扬子鳄、娃娃鱼。水族馆离东方明珠很近，有时间的话可以去看看。

上海汽车博物馆

上海汽车博物馆（宝箱三）离市中心有点距离。不过，喜欢汽车的朋友不妨去看看，那里有很多造型各异的古董车，即使完全不懂汽车的人去了也会觉得大饱眼福。从老爷车到现代车，博物馆展示了汽车诞生以来的近 70 种经典车型，时间跨度逾百年。

上海杜莎夫人蜡像馆

上海杜莎夫人蜡像馆（宝箱四）有 80 余尊中外名人蜡像，他们分别来自科技、政经、演艺和体育等不同领域，既包括奥黛丽·赫本、猫王、克林顿、普京等世界风云人物，也有刘翔、姚明、成龙等中国人最喜爱的明星。除了可以和中外明星蜡像留下亲密合

影外，还可以加入到与"明星"对歌、拍电影、打篮球等互动体验中去。

杜莎夫人生于法国，是一位杰出的艺术家，以制作蜡像而闻名。她自小随一名医生科特斯学习蜡像制作技艺。在法国大革命期间，她被革命人士逼迫，为被斩首的王室成员制作"人头蜡像"。科特斯在1794年去世，并将他的蜡制品收藏全部转给杜莎夫人。1802年，杜莎夫人来到伦敦，后来因为英法战争无法回到法国，于是她带着她的蜡制品游遍大不列颠和爱尔兰。1835年，在她74岁高龄时，她在伦敦贝克街建立了第一个永久性展览馆。

上海电影博物馆

上海算得上是中国电影业的摇篮了，早在20世纪20年代，就已经有电影人在此开疆拓土。上海电影博物馆（宝箱五）记录了电影在上海的发展。上海电影博物馆位于上海体育馆附近，对电影有兴趣的人都值得一逛。展馆总共4层，一般是从四楼开始往下参观，每层的主题都不同，有动画长廊、星光大道、电影制作、声音道具、后期制作、中国的电影历史介绍等，还有4D电影可以观看。

国产动画的摇篮——上海美术电影制片厂

  上海电影博物馆三楼的"动画长廊"展示了大量当年上海美术电影制片厂出品的动画片的造型设计、分镜头手稿等，非常精彩。上海美术电影制片厂是中国规模最大、历史最久、世界享誉盛名的动画制作大厂，曾经制作的《大闹天宫》《牧笛》《三个和尚》《宝莲灯》《葫芦兄弟》等优秀作品享誉国内外。作为国产动画的开山鼻祖，它成为整整两代人的童年回忆，堪称"中国的迪士尼"。

  上海美术电影制片厂曾先后打造过两部中国动画电影的巅峰作品。第一部当数 1961—1964 年制作的动画长片——《大闹天宫》，由动画先驱万籁鸣执导。

影片一上映即震惊海内外，可谓中国动画黄金时代的集大成者。其制作团队汇集了那个时代最优秀的中国动画人。为追求最为正宗的中国动画风格，制作组四处走访全国的古建筑，考察各个年代的泥塑、壁画，花费了近两年时间，绘制了近7万张原画。功夫不负有心人，这部动画直到今天都具有无比丰富的美学和文化价值。

早年的国产动画风格多变，形式灵活，更重要的是蕴含了非常浓郁的东方美学特质。比如片中七仙女飞舞的画面，灵感来源于敦煌壁画中的"飞天"。为了表现她们的飘逸妩媚、婀娜多姿，还专门创作了一段昆曲配上。

上海美术电影制片厂出品的动画片风格多元而独特。1960年的《小蝌蚪找妈妈》是中国第一部水墨动画，完美承载了中国山水画的灵动神韵，美术风格震惊了许多动画研究者。1979年的《阿凡提的故事》采用木偶定格，是当时的实验作品，极具先锋意识。1986年的《葫芦兄弟》采用了皮影和剪纸形式，结合民间艺术的巧思让它成为独特的艺术品。在很长一段时间里，这种美学特质是中国动画在世界影坛中最典型的符号。

只可惜随着时代的变迁，动画人才一度青黄不接，国产动画片曾在很长一段时间内陷入低谷。好在，这样的状态近年来迎来了转折。《西游记之大圣归来》《大鱼海棠》《大护法》《哪吒之魔童降世》等优秀的国产动画片纷纷诞生，相信中国动画会越走越远，最终超越当年上海美术电影制片厂达到的高峰。

1933 老场坊

  1933 老场坊是个很有意思的地方，原是 1933 年落成投入使用的 上海宰牲场（宝箱一），也就是屠宰场，所以取这个名字。你很难想象眼前这样一座建筑在七八十年前曾是成千上万牲畜的坟墓。走进老场坊，阡陌复杂的牛道和狭窄的台阶不断提醒你建筑设计者的缜密思考，以及在空间使用和功能分隔方面的独具匠心。

  当然，经过改造，这里已不再是屠宰场，转而变身为上海最具特色的创意园区之一。如今，冷线条的空间环境里遍布精品店、咖啡馆、摄影室、大中小型剧场、创意类公司的办公室、原创家具店、影视工作室……

  在楼里转了一圈又一圈，整个建筑高低错落、廊道盘旋、设计精密，宛如迷宫却又次序分明，难怪那么多人来拍婚纱、拍写真、拍广告、拍电影。

田子坊

田子坊藏匿于**泰康路**（宝箱一）上一条老式的上海弄堂中，但这条弄堂却成为了现今上海最时尚、最富有人气的弄堂之一。这是上海一块绝佳的宝地，它被浓浓的老上海风情以及欧美庭院风格的气息所包围，一家挨着一家的小店无不打造着属于自己独一无二的精致，充满着一种你侬我侬的上海味道。

"田子坊"其实是画家黄永玉给这条旧弄堂起的雅号。据史载，"田子方"是中国古代的画家，取其谐音，用意不言而喻。这使得曾经的街道小厂、巷子、废弃的仓库、石库门里弄的平常人家被抹上了SOHO的色彩，多了艺术气息的熏染。

弄堂里除了创意店铺、画廊、摄影展展馆，最多的就是各种各样的咖啡馆。在闲散的下午，就着弄堂里清凉的风，明媚的阳光洒在地上，空中满是慵懒的咖啡香味，着实有那么点"偷得浮生半日闲"的意境。

在田子坊，还可以买到诸如大白兔奶糖、雪花膏等经典国货。

大白兔奶糖曾经是多少人的回忆。在过去物资极度匮乏的年代，大白兔奶糖算得上是小小的奢侈品了，很多人将大白兔奶糖当作营养品吃。

20世纪三四十年代，雪花膏风靡上海。雪花膏擦在脸上，会渗透进皮肤，仿佛像雪花融化消失了一般，没有任何油腻感，所以叫作"雪花膏"。

上海世博园

上海世博园是2010年上海世博会的举办场地。2010年世博会首次由中国举办，是世界博览会史上最大规模的博览会，总投资超过北京奥运会。世博会结束后，世博演艺中心与中国馆、世博轴等一轴四馆成为上海世博会永久性展馆，一直保留沿用。

原来的世博会中国国家馆后改建为**中华艺术宫**（宝箱一），成为上海美术馆的永久场所。中华艺术宫建筑造型雄浑有力，高69米，由地下一层和地上六层组成，以"城市发展中的中华智慧"为主题，表现出"东方之冠，鼎盛中华，天下粮仓，富庶百姓"的中国文化精神与气质。

当年上演了数万场文化演艺活动的"世博演艺中心"，整座建筑轻盈灵动，宛若飞碟，造型十分独特。现在被"梅赛德斯—奔驰"正式冠名，演变为"梅赛德斯—奔驰文化中心"，主要用来举行演唱会、表演等大型活动。

上海世博会的世博轴改名为世博源，华丽变身为上海最大的购物中心，集休闲、娱乐、购物于一体。

如果当年你没有去过世博会，那世博园是值得一去的地方，可以一睹当年世博会的部分风采。尤其是夜幕降临后，美轮美奂的"阳光谷灯光秀"色彩缤纷、变幻莫测，配以水面倒影，绽放着独特的光影之美。

图书在版编目(CIP)数据

千面魔都的流光：腔调上海/彭彭文；彭彭，燕十三图. —上海：上海科技教育出版社，2022.1

（探城寻宝记）

ISBN 978-7-5428-7558-7

Ⅰ.①千… Ⅱ.①彭… ②燕… Ⅲ.①上海—概况—少儿读物 Ⅳ.①K925.1-49

中国版本图书馆CIP数据核字（2021）第140511号

责任编辑　吴　昀
装帧设计　李梦雪

探城寻宝记

千面魔都的流光——腔调上海

彭彭　文

彭彭　燕十三　图

出版发行	上海科技教育出版社有限公司
	（上海市闵行区号景路159弄A座8楼　邮政编码201101）
网　　址	www.sste.com　www.ewen.co
经　　销	各地新华书店
印　　刷	苏州美柯乐制版印务有限责任公司
开　　本	720×1000　1/16
印　　张	6.75
版　　次	2022年1月第1版
印　　次	2022年1月第1次印刷
书　　号	ISBN 978-7-5428-7558-7/G·4454
定　　价	40.00元